みことばの「種」を探して

――御父の愛にふれる――

井手口　満　著

サンパウロ

推薦の言葉

このたび、井手口満修道士の『みことばの「種」を探して―御父の愛にふれる―』が出版の運びとなりました。これは著者が何年も前から『これって、どんな種?』のタイトルで、主日の福音についての分かち合いを、毎週、聖パウロ修道会・サンパウロのインターネット・サイトで発信し続けているもので、今回は書籍化にあたってタイトルと内容に手を加え、その一巻が刊行されました。

主日の福音の解説を記した書物はたくさんありますが、『みことばの「種」を探して』は、聖書研究の成果を踏まえつつも、福音の言葉の意味をわたしたちの現実の生活の中で尋ね求め、読者と分かち合おうという視点で記されています。もちろん、そのためにはまず信仰をもって福音の言葉に真摯《しんし》に向き合うことが必要です。しかし、それは著者自身の体験やかかわり、これらについての思索からあふれ出るものだからこそ、読者に訴えるものとなるのです。

著者は、しばしば、神の「いつくしみと愛」の豊かさについて記します。一つ一つの福音の箇所の中に、さまざまな形で神の「いつくしみと愛」があふれ出ていると言います。そして、わたしたちがその豊かさに気付き、信仰と喜びをもって神の愛にこたえていくように招くのです。読者のみなさん、本書を手に取り、井手口修道士とともに「みことばの種探し」の旅に出かけませんか。

聖パウロ修道会前日本管区長
司祭　澤田　豊成

目次

目　次

目次

目　次

目　次

「洗礼の恵みを生き続ける」という種

主の洗礼（マタイ3・13～17）

復活徹夜祭には洗礼式があり、それに合わせて洗礼の約束の更新も行われます。その時には新しい受洗者と一緒に、すでに洗礼を受けた人もいただいた洗礼の恵みをあらためて感謝し、キリスト者として生きる決意を新たにします。洗礼によって私たちは神のみ前で、また、教会共同体に対して信徒となったことを公に表すのです。しかし何よりもまず、私たち自身が神さまの呼びかけに応えなければ、洗礼の恵みを十分にいただくことはできません。

では、幼児洗礼の場合はどうでしょう。幼児への洗礼は、まだ幼くて神さまとの応答ができない子供に代わって、親が洗礼を授けていただくのだと理解しています。

親は「神さまの恵みのすばらしさを子供に味わって欲しい」、「神さまの祝福を受けて、その恵みに包まれて育って欲しい」という気持ちを携えて洗礼を授けていただくのです。このように洗礼の恵みは、神の人間への介入、そしてその恵みをいただこうとする私たち相互の応答を通して、初めていただくことができるのだと私は思います。

きょうのみことばは、イエスさまが洗礼者ヨハネから洗礼を受ける場面です。みことばは、「イエスはガリラヤからヨハネのもとに来られ、彼から洗礼を受けようとされた」という言葉で始まります。イエスさまのお住みになっていたガリラヤからヨハネが洗礼を授けていたとされるエリコまでは、直線距離で約一〇〇キロあります。車なら二、三時間というところでしょうか。しかし、車などない時代は歩くかロバに乗って行くかですから、優に二、三日はかかったのではないでしょうか。たぶんその間、イエスさまは道々、人びとに神さまについての教えを説きながら歩いていたことでしょう。このようにしてイエスさまは洗礼者ヨハネのもとへと来られたのです。

ヨハネは、自分のもとにイエスさまが洗礼を受けに来られたのを見て、「わたしこそあなたから洗礼を受けるべきです。あなたがわたしのもとにおいでになったのですか」と驚きの声を上げます。ヨハネは、母親のエリサベトからずっとイエスさまのことを聞かされていたでしょうし、また、マリアさまのご懐妊を知らされて彼自身も、母親のお腹の中で喜び踊っています。神の子であるイエスさまが自分のもとに洗礼を受けに来られたので、ヨハネはさぞ驚いたことでしょう。

私たちは日々の生活の中で、神さまの恵みをいただいています。そして神さまは、私たちが考えもしないような方法を通してたくさんの恵みをくださいます。最初は戸惑うこともあるでしょうが、その恵みを従順に受け入れることによって、思ってもみなかったようなすばらしいことが実現します。なぜなら、そこには私たちに対する神さまのいつくしみと愛が現れているからです。

さて、戸惑いを隠せないヨハネに対してイエスさまは、「今は、止めないでほしい。このように、なすべきことを果たすのは、わたしたちにふさわしいことだからです」と言われます。ここには二つの神秘が働いています。一つは、神の子であるイエスさまが〝人〟としてヨハネのもとに来て洗礼をお受けになるということ。もう一つは、イエスさまが御父のみ旨を果たすということです。イエスさまは「なすべきことを果たすのは、わたしたちにとってふさわしいことだから」と言われます。このお言葉は、黙想の際のヒントになるかもしれません。それは、イエスさまが御父のみ旨を果たされたように、私たちもイエスさまと一緒になって御父のみ旨を行うとき、それが私たちの中で「ふさわしいこと」になるということです。

ヨハネはイエスさまの言葉に従って洗礼を授けます。みことばは、「そこで、ヨハネはそのとおりにした」と記します。この一節は、私たちがいただいた洗礼の恵みと同じではないでしょうか。教会で行われる洗礼式は、私たちの目から見ると洗礼志願者に司祭が洗礼を授けています。しかし、御父ご自身が自ら洗礼志願者に洗礼を授けているとは言えないでしょうか。洗礼式とは、御父のみ旨を通して働かれる洗礼の恵みと、それにあずかりたいと願う洗礼志願者の相互の応答が、目に見える形で表わされた秘跡と言ってもよいでしょう。

私たちは、神さまとの摂理的な出会いを通して洗礼の恵みをいただきました。そして今度は、私たちがその恵みを生かして生きることが大切になるのです。三位一体の神は、ご自分と一緒になってみ旨を行う私たちを、必ず〝いつくしみと愛〟によって包んでくださることでしょう。

洗礼を受けたイエスさまに対して御父は、「これはわたしの愛する子、わたしの心にかなう者である」と言われます。そして、洗礼の恵みを受けた私たち一人ひとりも、御父から直接この言葉をいただいているのです。私たちは、御父のかけがえのない〝愛する子〟であって、御父の〝心にかなう者〟なのです。毎日の生活を通して、この神からいただいている豊かな恵みというものを意識し、生かしていきたいものです。

「イエスさまを証しする」という種

年間第2主日（ヨハネ1・29〜34）

私たちは毎日、多くの人と関わりながら生きています。一番身近な関わりと言えば、それは家族との関わりでしょう。自分と親、兄弟姉妹、親戚との関わりです。その次に、学校、会社の友人、近所との付き合いと、少しずつ関わりの範囲は広がっていきます。自分のパートナーや恋人であったり、夫婦であったりという関わりも出てきます。このように、私たちは人との関わりの中で日々を生きています。それでは、私たちは相手のことをどれくらい分かっているのでしょう。配偶者のこと、家族では親は子供のこと、子は親のことをどれくらい分かっているのでしょうか。本当に関わり合えるというのは、どういうことを言うのでしょうか。

きょうのみことばは、洗礼者ヨハネがイエスさまについて証しをする箇所です。イエスさまが自分のもとに来るのを見たヨハネは、「見るがよい。世の罪を除く神の小羊だ」と言います。このヨハネの言葉を私たちは、ミサの中で「神なる主、神の小羊、父のみ子よ、世の罪を取り除く主よ」と唱えます。神であり、私たちが主として仰ぐイエスさまご自身がヨハネのところ、つまり私たちのところへと来られたのです。

ヨハネはさらに、「わたしの後から一人の人が来られる。その方は、わたしよりも偉大である。わたしより先におられたからである」と言います。この言葉はヨハネ福音書の1章15節でも言われていますが、この箇所は「イエスさまを証しする」という彼の使命の根本と言えるものです。

ヨハネは自分とイエスさまとの関係をよく理解した上で、自分に課せられた使命を果たしていました。しかしそれにも関わらず彼は、「わたしもこの方のことを知らなかった」と言っているのです。確かにヨハネは、〝神の小羊〟であるイエスさまを証しするという強い使命感を持って水で人びとに洗礼を授けていました。それなのに彼は、イエスさまのことを「知らなかった」と言うのです。なぜでしょう。

「それだけイエスさまの神秘は深い」ということだと私は思っています。では、本当のイエスさまを知るためにはどうしたらよいのでしょうか。それは、イエスさまの〝死と復活〟を通してのみ知ることが可能なのだと思います。ここに、神の恵みがあります。

残念ながらヨハネは、生きている間にイエスさまの死と復活を知ることはできませんでした。それでも彼は、御父のみ旨を忠実に果たすという彼に与えられた特別な恵みのもと、自らの人生をかけてイエスさまを証ししました。パウロもヨハネと同じようにイエスさまを証し、救い主を告げ知らせる使命のために生涯をささげました。彼は「コリントの教会の信徒」に向けた手紙の中で、「キリスト・イエスと一致して神のものとされ、召された聖なる人々へ。イエス・キリストは、これらすべての人の主であり、また、わたしたちの主でもあります」(一コリント1・2)と書き送っています。パウロは私たちの進むべき道、向かうべきお方は、イエスさまただお一人であるということを明確に断言しています。まず、イエスさまを「知ること」から始めてみましょう。そのためには、イエスさまともっと親しくなることが必要になってきます。

ミサや聖書のみことばを通して、また、日々の祈りや日常の生活を通して私たちは、イエスさまを身近に感じる恵みをいただいています。その恵みによって、私たちもヨハネやパウロと同じように、周りの人にイエスさまを証しするという特別な使命をいただいているのです。

ことわざに「親の心子知らず」というものがあります。親は子供のことをいろいろ心配して気にかけていますが、子供の方は親が思っているほどにはその心配を受け止めていない、というような意味です。親子の関係はたいへん身近で親しいものなのに、なぜこのようなことわざが出てくるのでしょうか。それを本当に理解するためには、自分が人の子の親になって初めて分かるものなのでしょう。時々、「子供が生まれてみて、初めて親の気持ちが分かるようになった」という言葉を耳にします。人は自分の子供を持つようになって、それまで自分が親からいただいた多くの無償の愛というものを肌で理解することができるようになったのでしょう。このように、同じ立場になってみて初めて私たちは、相手のことをよく知ることができるのです。

イエスさまについてすべてを知るというのは、とても難しいことです。たとえ知ったとしても、それはイエスさまのごく一部分なのかも知れません。しかしヨハネは、「この方こそ『神の子である』ということを私は証ししている」という強い確信と信仰を持って、殉教を遂げるまで自らの使命を全うしました。私たちもヨハネのように、そしてパウロのように、イエスさまのすばらしさに触れて「証し人」としての自覚と信仰を携えて、周囲の人に「いつくしみ」そのものであるイエスさまを証ししていきたいものです。

「闇《やみ》に光を伝える」という種

年間第3主日（マタイ4・12〜23）

以前、フィリピンに行った時のことです。日が沈んでから空を眺めると、星が降り注いでくるような感じを受けたことを今でも鮮明に覚えています。星は周りが暗いと、ひと際《きわ》よく見えるということをあらためて感じました。

人の心にも「闇《やみ》」があります。それは病や老いの不安であったり、経済的な不安、死別の喪失感、または家族を含めた人間関係や教会との距離、信仰上の苦しみであるかもしれません。私たちはそれぞれ、固有の「闇」を抱えて生きています。

きょうのみことばは、イエスさまがいよいよ宣教を開始される場面です。みことばは、「ヨハネが捕らえられたと聞いて、イエスはガリラヤに退かれた」という箇所で始まります。この箇所からは、ヨハネが捕らえられたためイエスさまが身の危険を感じてガリラヤへ退かれた、というふうにも読み取れます。しかし次のイザヤの言葉を見ますと、どうもそうではない気がします。

イザヤ書には、「ゼブルンの地、ナフタリの地は辱めを受けたが、後には、海沿いの道、ヨルダンの彼方、異邦人のガリラヤは栄光を受ける。闇の中を歩んでいた民は、大いなる光を見た。暗闇の地に住んでいた者の上に、光が輝いた」（イザヤ8・22）とあります。

ガリラヤはエルサレムの北に位置し、そこではイスラエル以外の文化も混在していました。また、歴史的にアッシリアからの侵略を受け、宗教的にも、また結婚などで異邦人の血が混じり合ったということもあって、穢《けが》れた土地、死の国というように見られて差別をされていた地域でした。イエスさまはそのような土地に退かれたのです。

ヨハネがいなくなった今、イエスさまはご自分が彼の代わりに宣教をしなければと思われたのでしょう。そのため、ヨハネが宣《の》べ伝えていたのと同じ「悔い改めよ。天の国は近づいた」という言葉を用いて人びとに回心を呼びかけます。イエスさまは身の危険を感じて〝退かれた〟のではなく、むしろ、普段からエルサレムの人たちから軽蔑され、イザヤの預言にもあるように、「闇の中を歩んでいた民」として差別されていたガリラヤの人びとに〝光〟である【福音】を伝えるため、意図的にこの地に行かれたのだと思います。

現在でもガリラヤは、エルサレムのような高いビルもありませんし、近代的でもありません。しかしそこには豊かな自然があり、いろいろな草花が咲き乱れて、とても美しい所です。たぶん今も、当時の風景とそれほど変わってはいない気がします。

みことばには、「しかし、ナザレを去り、ゼブルンとナフタリ地方にある湖畔の町、カファルナウムに行ってお住みになった」とあります。カファルナウムはガリラヤ湖に面していて、交通の面でも他国と交流があるということで、たくさんの人が住んでいました。さらにローマ軍も駐留していたため、治安という意味では比較的安全な場所だったと言えるかも知れません。そのような所にイエスさまは宣教の拠点を置かれたのです。

最初にイエスさまは、ご自分と一緒に宣教してくれる人を探されます。みことばは、「ガリラヤ湖のほとりを歩いておられたとき、二人の兄弟、ペトロと呼ばれるシモンとその兄弟アンデレが、湖に網を打っているのをご覧になった」と記します。イエスさまは誰にでも声をかけられたのではなく、これからご自分と一緒に宣教してくれる人を、〝ご覧になった〟のです。そしてこの二人の兄弟を選ばれたのです。ここに、「教会」という共同体の始まりがあると私は思っています。私たちはイエスさまからしっかりと〝見つめられて〟、洗礼の恵みをいただきました。さらに教会という〝兄弟姉妹〟の集まりの中で、みなが一緒になって【宣教】をするようにとイエスさまに選ばれ、直接声を掛けられたと言ってもよいでしょう。

　パウロは、「キリストがわたしをお遣わしになったのは、洗礼を授けるためではなく、福音を宣《の》べ伝えるためでした。それも、キリストの十字架が無意味なものとならないように、知恵に溢れた雄弁に頼らずに伝えるためでした」（一コリント1・17）と伝えています。洗礼の恵みをいただいた私たちは、「福音を宣べ伝えるため」に遣わされたのです。イエスさまは私たちの闇の部分に「光」として来てくださいました。言い換えるなら、イエスさまはいつも私たちと一緒にいてくださるということです。そしてイエスさまは私たちが福音を宣べ伝えるにあたって、どんなことでも助けの手を差し伸べてくださるのです。

　きょうのみことばから、「私たち一人ひとりがイエスさまからしっかりと見つめられて呼ばれた」ということ。そして闇の中に〝光〟として来られたイエスさまは、その「闇」を絶えず癒やしてくださっていることを理解するのです。その理解は感謝へとつながっていき、癒やされた私たちが今度は、〝闇〟の中で苦しむ人のもとにイエスさまをお連れするという使命をいただいていることに思いを巡らせたいと思います。イエスさまがガリラヤで宣教活動を始められたように、私たちも「年間」の始めにあたって、イエスさまと一緒に、イエスさまに支えられて、〝光〟をもたらすために出かけようではありませんか。

「私をささげる」という種
主の奉献（ルカ2・22〜40）

みなさんは〝イエスさま〟に対して、日頃どのようなイメージをお持ちでしょうか。やさしい方、厳しい方、いつも私たちとともにいて寄り添ってくださる方、若い方、導き手、友人などなど、いろいろなイメージをお持ちのことと思います。

そうした中で、「赤ちゃんのイエスさま」というイメージはあるでしょうか。とくに待降節から降誕節の期間は、馬小屋の中で飼い葉桶に寝かされている〝幼子イエス〟のお姿を思い浮かべる人が多いかもしれません。〝幼子イエス〟を、私たちはどれくらい具体的な姿としてイメージできるでしょうか。赤ちゃんのイエスさまはご自分では何一つできません。すべてにおいて、ヨセフさまやマリアさまの助けがなければできないのです。この〝幼子イエス〟の姿は、私たちがかつて赤ちゃんだった時とまったく同じ状態だったのです。

きょうのみことばは、そんな〝幼子イエスさま〟が、ヨセフさまとマリアさまに連れられてナザレからエルサレムの神殿に行かれ、神にご自分を奉献されるという箇所です。

みことばの最初は、「さて、モーセの律法に定められた、彼らの清めの日数が満ちると、両親は幼子を主にささげるために、エルサレムへ連れていった」という一節で始まります。ヨセフさまとマリアさまはユダヤの律法にしたがって、他の誰もがするように最初に生まれた子を神殿に奉献するために、エルサレムへと上って来ました。律法の規定では、男の子は生後四十日目に、女の子は生後八十日目に神殿に奉献しなければなりませんでした。

当時は今のように舗装された道もなければ、もちろん自動車もありません。マリアさまたちはナザレから二、三日かかる道のりを、ロバに乗ってか、あるいはロバに引かせた荷車に乗るかして、まだ首も座っていない幼いイエスさまを連れて旅をしたのです。その旅はどれくらい気苦労の多い、つらいものだったことでしょう。さらにイエスさまは、〝神の子〟であるにも関わらず、他の人たちのように両親に連れられてご自分を神殿にささげられたのです。パウロの「ヘブライ人への手紙」には、「子供たちは、血と肉を持っているのと同じく、イエスもまた、同じようにこれらのものを持っておられました。それは、死を司《つかさど》る者、すなわち、悪魔をご自分の死によって滅ぼし、また、死の恐怖によって、生涯、奴隷の状態にあった人々を解放するためでした」（ヘブライ2・14〜15）とあります。イエスさまは〝ご自分の死によって〟私たちを〝解放する〟ために、他の子供たちと同じようにされたのです。これは御父の【愛といつくしみ】と、神の子イエスの【限りない謙遜】の表れだと思います。

さて、「奇跡」という言葉を聞いた時にみなさんはまず、どんなことを思い浮かべるでしょう。超自然現象といった人間的にはどう考えても不可能なことが可能になる、そんな出来事を思い浮かべるかもしれません。時々、「〇〇の奇跡」とか「〇〇に奇跡が起こった」などという言葉に接することも多いかと思います。

きょうのみことばに出てくるシメオンの体験も、【奇跡】と言ってよいと思います。みことばは、「この人は正しく敬虔な人で、イスラエルの慰められることを待ち望んでいた。また、聖霊が彼の上にあった。彼はまた、主が遣わすメシアを見るまでは決して死なないとの、聖霊のお告げを受けていた。彼は霊に導かれて神殿に入ると、律法の慣習に従って、両親が幼子イエスを連れてきた」とあります。シメオンはいつも聖霊に満たされていたのです。彼は聖霊に導かれてようやく幼子イエスさまに会うことができました。その後で彼は、『シメオンの賛歌』として知られるすばらしい祈りをささげるのです。では、この箇所のどこに〝奇跡〟があるのでしょうか。

その奇跡とは、「三位一体の神がご自分の救いの計画の中に、私たちを参与させてくださること」だと私は思っています。シメオンは聖霊に導かれて幼子イエスさまと会い、そしてイエスさまをその両手に抱き、感極まって神を賛美して言います、「主よ、今こそ、あなたはお言葉のとおり、あなたの僕《しもべ》を安らかに去らせてくださいます。わたしはこの目で、あなたの救いを見たからです。この救いは、あなたが万民の前に備えられたもの、異邦人を照らす光、あなたの民イスラエルの栄光です」と。

きっと神殿にいた多くの人が、このシメオンの言葉を聞いたことでしょう。もしかしたら、彼の言葉から〝救い主〟が現れたことを感じ取った人がいたかもしれません。女預言者のアンナもシメオンの言葉を聞いて近づいてきて、神をほめたたたえ、エルサレムの贖《あがな》いを待ち望んでいたすべての人に、幼子について語り始めます。このシメオンや女預言者アンナは、ともに聖霊に満たされ、聖霊に導かれてイエスさまを人びとに示しました。しかし神である御父は、何も彼らの手を介さなくてもイエスさまを「救い主」として人びとに示すことがおできになったはずです。それをあえて、ヨセフさまやマリアさま、シメオン、女預言者アンナを通して、イエスさまによる救いの現れを人びとにお示しになりました。「奇跡」とは、何も大げさな超常現象ばかりを言うのではなく、神の力の静かな顕現、神が被造物である人間を通して救いの不思議なみ業《わざ》を静かに啓示する、これも一つの奇跡と言ってもよいのではないでしょうか。

きょうのみことばから、幼子イエスさまが私たちにくださっている恵みに気付き、それが何であるかを知り、味わって感謝し、日々の生活を通して御父に忠実と真心をおささげしたい、そのように思うのです。

「輝く」という種

年間第5主日（マタイ5・13〜16）

みなさん、私たちは「輝いて」いるでしょうか？　人が無心になって何かに打ち込んでいる姿や、本当に好きなことに懸命になって取り組んでいる時というのは、周りの人の目に輝いて見えるのではないでしょうか。

例えば、オリンピックに出場するために日頃から厳しいトレーニングに励むアスリート、一心不乱に修業に打ち込む料理人、真剣に楽器を操って練習を重ねる音楽家……。また、テレビや新聞などで「〇〇の匠《たくみ》」とか「カリスマ〇〇」などと言われる人たちなど、一つの道を極めようと努力するその姿はすばらしく輝いて感じられ、私たちに深い感動を与えてくれます。でもこうした特別な人たちでなくても、その人にしかない性格、使命などを一生懸命に生かしている姿も、私の目にはとてもすばらしく輝いて見えます。

きょうのみことばは、山上の説教でイエスさまが人びとに教えられた「あなた方は、地の塩、世の光である」という箇所です。イエスさまは群衆にまず、「あなた方は地の塩である」と語りかけます。この「地の塩」とは、どのようなものなのでしょうか。私たち日本人は、塩というと海水から採れる塩をまず思い浮かべます。しかし、それですと「地の塩」というように「地」ではありませんよね。

イスラエルには、死海と呼ばれる湖があります。そこは、海抜四百メートルという世界で最も低い場所にあって、ヨルダン川から流れる水が行き着く南北七十五キロ《メートル》、東西十五キロ《メートル》の湖です。死海は、塩分濃度の平均が25％もあり、周囲には岩塩が多く堆積している所です。

イエスさまが人びとに話された「地の塩」というのは、この死海で採れた「塩」のことだと思います。そして群衆もおそらく、イエスさまが「塩」について話された時、すぐにこの死海の塩のことだとピンと来たことでしょう。

でも、「どうしてわれわれが『地の塩』なのだろう？」と、群衆の中には疑問を持った人もいたでしょう。イエスさまはさらに、「もし塩がその持ち味を失ったなら、どうやってそれを取り戻すことができるだろうか。もはやその塩は何の役にも立たず、外に投げ捨てられ、人に踏みつけられるだけである」と言われます。

イエスさまが言われる「塩」という箇所に、ご自分の名前を入れてみたらどうでしょう。「もし（あなた）がその持ち味を失ったなら」というと、この喩《たと》えがとても身近なものに感じられるように思います。

私たちはそれぞれ、御父からいただいた〝持ち味〟というものがあります。それはやさしさであったり、几帳面さ、あるいは強い感受性、または正義感かもしれません。それがイエスさまの言われる〝塩〟ではないかという気がします。イエスさまは「あなたたちは、御父からかけがえのないすばらしい〝塩〟という賜物をいただいているのですよ」と、教えてくださっているのです。

もし私たちが御父からいただいたこの〝持ち味〟を無駄にして、生かすことができずにいたのなら、私たちは外に投げ出され、人に踏みつけられてしまうのです。このことはやさしいイエスさまの言葉からすると、とても厳しい言い方です。

次にイエスさまは、「あなた方は、世の光である」と言われます。光は、周りを明るくしたり、何かの信号を送ったり、注意を促したりします。誰もが灯りのない真っ暗な家に帰るよりも、光のある明るい家に帰る方が安心するのではないでしょうか。停電で突然部屋が真っ暗になった時、たった一本の懐中電灯の光やろうそくの明かりが、どれほど私たちの心を落ち着かせ、安心させてくれることでしょう。

イエスさまは「ともしびをともして……燭台の上に置く。こうすれば、家にいるすべての人々のために輝く。このように、あなた方の光を人々の前に輝かせなさい」と言われます。光は自分のためではなく、周りの人たちのために輝き、周りの人たちに安心と安らぎ、そして希望を与えます。

では「私が光である」とは、どういうことなのでしょう。それは、〝塩の持ち味〟を生かした〝業《わざ》〟と言ってよいと思います。もっと広い意味で言うなら、「使命」とか「召命」と言ってもよいかもしれません。音楽の才能をいただいている人が曲を作ることによって人に感動や癒やしを与えたり、画家が絵を描くことでその絵を見る人の心をやさしくしたり、司祭や修道者が周りの人に父である神のお姿を指し示したり、あるいは親が愛情を込めて子供をいつくしんで育てるというように、神からその人だけに与えられた「固有の使命」を行うことだと私は思います。

イエスさまは私たちに、「あなたは塩になりなさい。あなたは光になりなさい」とか、「あなたは塩になるでしょう、光になるでしょう」といった希望形や未来形は決して用いられません。ただ「あなた方は地の塩である」、「あなた方は世の光である」と、直接、今の私たちの姿を「塩」「光」として断定されます。そして私たちの現実の〝塩〟や〝光〟の姿に対して、何一つ否定も批判もなさいません。

自分に与えられた〝塩〟を一生懸命に生かし、〝光〟として忠実に〝輝く〟こと。それだけが大切なのであって、それこそがイエスさまのお望みなのです。

「人々はあなた方の善い行いを見て、天におられるあなた方の父をほめたたえるであろう」とイエスさまは言われます。天の御父の栄光を映し出す固有の〝塩〟、固有の〝光〟として私たちはいつでも謙虚さを忘れず、周りの人に御父のお姿を忠実に指し示していきましょう。きょうのみことばは、私たちが「地の塩」であり「世の光」であるのかどうかをあらためて見つめ直す、よい機会ではないかと思います。

「真の掟《おきて》を守る」という種

年間第6主日（マタイ5・17〜37）

私たちは、それぞれに寿命というものがあります。寿命は、財産を持っている人もそうでない人も、権力を持っている人もそうでない人も、すべての人に平等にあります。個人によって年齢の差はあるものの、人はいつかは天に召されて行きます。それはイエスさまの時代も変わりません。当時の人びとにとって、亡くなった後で永遠に救われるか、それとも救われないかは、とても大きな関心事だったように思います。福音書の中でも人びとは、「永遠の命を得る」（マタイ19・16〜22、マルコ10・17〜22、ルカ18・18〜23）ことについての質問を、たびたびイエスさまに投げかけています。その答えとしてイエスさまは、律法を用いて答えられます。当時のユダヤ人は、六百十三もある律法（掟）を守っていました。そのため、律法に背くことは〝永遠の命〟に入ることができないということを意味していました。しかし、守るべき律法の数があまりにも多いため、その中でどれが一番大切な律法なのか、普段からとても気になっていたのでしょう。

きょうのみことばは、イエスさまが【律法】について語られる場面です。この箇所は人びとからの質問ではなく、イエスさまが人びとに向かって「あなた方は、わたしが律法や預言者たちを廃止するために来たと思ってはならない。廃止するためではなく、成就するために来たのだ」と言われます。

当時の人びとは、あまりにも多い数の律法に身動きが取れないほどがんじがらめに縛られ、苦しめられていました。もし律法に背くことがあったら、律法学者やファリサイ派の人びとに指摘され、〝罪びと〟のレッテルを貼られてしまう。そのことを人びとはとても恐れていたのです。しかしイエスさまの教えはそうした断罪ではなく、むしろ「律法の苦しみから自分たちを解放してくださるのではないか」という期待が彼らの中にあったのです。

ところがイエスさまは、「(私は)律法を廃止するためではなく、成就するために来た」と言われます。さらに「掟を行い、それを教える者は、天の国で偉大な者と呼ばれる」と語り、「自分が律法を守るだけでなく、人びとにもそれを教え、導きなさい」とまで言われるのです。これを聞いた人びとは、ますます負担が重くなったと感じたことでしょう。しかし、イエスさまの言われる〝律法〟と、ファリサイ派の人びとや律法学者たちが教えている〝律法〟は、少し違っていました。

イエスさまは、「もしあなた方の義が、律法学者やファリサイ派の人々の義に勝るものでなければ、あなた方は決して天の国に入ることはできない」と言われます。これは、「何が一番大切な〝律法〟なのか」ということを言っておられると思います。別の箇所には、「あなた方は自分たちの言い伝えを大切にするあまり、よくも神の掟をないがしろにしたものだ」（マルコ7・9）と、律法学者やファリサイ派の人びとに厳しく言い放ちます。彼らは、旧約のモーセを通していただいた御父からの大切な律法を、長い年月の間に自分たちの都合のよいように変えてきたようです。そしてそれがいつの間にか、「六百十三」という大きな数字になってしまったのではないでしょうか。

ある司祭から「規則とは、弱い人を守るためにある」ということを聞いたことがあります。確かに弱い人を基準に置くのでしたら、すべての人を守ることになります。しかし、その大切な根本を忘れて、自分たちの都合のよいように律法を解釈してしまうと、弱い人を守るどころか、さらに彼らを苦しめてしまうことになるのです。

そのためイエスさまは、「もしあなた方の義が、律法学者やファリサイ派の人々の義に勝るものでなければ、あなた方は決して天の国に入ることはできない」と言われたのでしょう。「本当の律法」とは、人びとの生活を縛りつけ苦しめるものではなく、「御父があなたたちを守るため、永遠の命を与えるためにくださった神からの恵みなのですよ」と、イエスさまは伝えようとされたのです。

イエスさまは「殺すこと」「姦淫すること」「離縁すること」「偽りの誓いを立てること」について、よく人びとに語られます。これらの〝律法〟は、当時の人びとにとってはよく知られた掟だったのでしょう。それと同時にこうした罪は、日常的にそう簡単に犯すことがなかったものなのかもしれません。けれどもイエスさまはそうした頻度的な問題ではなく、言葉で人を傷つけること、自分の欲望や思いで他人を見ること、自分のわがままで人に接すること、自分では責任を取ることのできない誓いを立てることなど、たとえそれが人びとの生活にごく身近なものであったとしても、〝律法〟に背く可能性について諭《さと》されます。ともすると私たちは、〝規則（掟）〟さえ守っていたら「それで良し」と、錯覚してしまいがちです。しかし、周囲の人たちとの関係において、その人を尊重し、御父が教えてくださった〝愛といつくしみ〟を持って接していたのかどうかということを、私たちはいつも振り返る必要があります。

ミサの始めの回心の祈りの中で私たちは、「わたしは、思い、言葉、行い、怠りによって罪を犯しました」と告白します。きょうのみことばは、あらためて真の「律法」に照らしてみて、私の心と態度はどうであったかを考える箇所であるような気がします。

「心の中の『律法』」という種

年間第7主日（マタイ5・38～48）

毎日新聞のコラムに、映画『炎のランナー』の主人公、英国人宣教師エリック・リデル師の記事が載っていました（二〇一四年二月十九日付「朝刊」）。リデルは、第二次世界大戦中に旧日本軍の捕虜収容所で四十三年の生涯を終えました。同じく英国人宣教師スティーブン・メトカフ師は、リデルと同じ収容所にいて、リデルが亡くなる前に、彼のぼろぼろのランニングシューズを手渡されました。その時メトカフは、リデルがいつも教えていた「『あなたの敵を愛しなさい』というバトンを受け取ったように」思ったそうです。そして戦後七年目にメトカフは、かつての敵国・日本に渡り、北海道、青森、宮城、千葉の各地で宣教師として働きます。

日本滞在三十九年の間で、彼が日本人から嫌な思いをさせられたのは、バスを待っていた時に意味も分からず一人の男に怒鳴られたことのただ一回だけで、むしろ日本人の礼儀正しさに触れて、「かつての敵」を愛する気持ちがより強くなったそうです。

きょうのみことばは、律法を「成就するために来たのだ」（マタイ5・17）に続く、律法についてのイエスさまの教えの箇所です。この箇所は、洗礼を受けていない方でもよく知っている「目には目を、歯には歯を」という律法を引用して、イエスさまが教えを説くところから始まります。

この「目には目を」という律法は、「加害者から受けた被害と同じ分だけ、相手にやり返しなさい（同害賠償）」という、行き過ぎた報復をしないようにという戒めです。しかしよく考えてみますと、仕返しをした方もされた方も、気持ちがいいものではありませんよね。いくら律法に規定されているからと言って、仕返しをされた側は何となくすっきりしない、わだかまりが残るのではないでしょうか。こうした両者の関係には、律法では解決できない〝憎しみの連鎖〟が生まれてくるような気がします。

イエスさまは【あなた方に言っておく】と前置きして（イエスさまは大切な教えを意識して伝える時には、この表現を使われます）、「右の頬を打つ者には、ほかの頬も向けなさい」と言われます。みなさん、この場面を想像してみてください。

普通、頬を打たれた人が相手にやり返すとしたら、おそらく手の平ではなく、手の甲で打つことでしょう。この手の甲で殴られるという行為は、実はたいへん屈辱的なことなのです。そこでイエスさまは頬を打たれた人に対して、相手の頬を打ち返すのではなく、あえて自分の反対側の頬も差し出して「屈辱に甘んじなさい」と教えるのです。こうしてイエスさまは、『目には目を、歯には歯を』という昔からの律法をそのまま信じて守っている人に対して、まったく新しい教えを伝えるのです。

やられたらやり返すという、仕返しの連鎖から生じる両者の〝わだかまり〟ではなく、誰もが思いつかないような教えというものを人びとに伝えるのです。確かに、頬を打たれた被害者が加害者に黙ってもう片方の頬を向けたとしたら、相手はギョッとして、自分のしたことを後悔するかもしれません。もしかしたら、そこで和解が生まれるかもしれないし、友情さえ生まれるかもしれません。これは、現在の私たちにも当てはまるような気がします。確かに「正直者は馬鹿を見る」という言葉があるように、このイエスさまの教えを実践するのはとても難しいことです。けれども、キリスト者としてあえて〝馬鹿を見る〟ことを受容する「懐の深さ」を、私たちは持つ必要があるのかも知れません。

次にイエスさまは、「あなたの隣人を愛し、敵を憎め」という律法を取り上げます。ここで言われる【隣人】とは、私たちの考える、〝友達〟というような意味ではなく、

【同胞】という意味だそうです。ですから【隣人】は家族から始まって、親戚、縁者、また同部族の人を指すとも言えます。

当時の中近東という厳しい風土において、自分と同胞の生命財産を守るためには、この律法は極めて当たり前のことだったのかもしれません。けれどもイエスさまは、重要なことを伝える時の表現を用いて「しかし、わたしはあなた方に言っておく」と前置きして、「あなた方の敵を愛し、あなた方を迫害する者のために祈りなさい」と言われるのです。この教えこそが、イエスさまが身をもって実践された〝受難と死、そして復活〟なのでした。イエスさまは人びとから罵《ののし》られ、さらに不正な裁判を受けた後に十字架にかかります。人びとの理不尽な侮辱と暴力に対してイエスさまは、〝愛といつくしみ〟を持って静かにそれに耐えられました。右の頬を打たれたら反対の頬も向けられた、まさにそれがイエスさまでした。律法学者やファリサイ派の人びとが教える〝律法〟からは決して伝わることのない「愛に基づいた導き」、「愛に即した真の〝律法〟」というものを、イエスさまは人びとに示されたのです。

「天の父が完全であるように、あなた方も完全な者となりなさい」というイエスさまの言葉は、私たち一人ひとりに向けられた直接のメッセージです。さらにイエスさまは、「それは、天におられる父の子となるためである」と、その理由も述べられます。「あなた方の敵を愛し、あなた方を迫害する者のために祈りなさい」というその教えは、私たちを御父の〝愛〟の次元にまで近づける究極の教えだと言ってよいでしょう。

きょうのみことばは、私たちが普段当然のこととして受け入れている事柄や常識を、神の「律法」に照らして見るという好材料を提供してくれているように思います。それと同時に、イエスさまがご自分の尊い命をもって示してくださった〝敵を愛する〟という極めて難しい教えに、私たちがほんの少しでも、わずか一歩でも近づくことができますようにと祈りたいと思います。

「思い煩わない」という種

年間第8主日（マタイ6・24〜34）

忙しい日常の中でボーッとすることは、とても貴重な時間なのかも知れません。私たちは一日の中で、どのくらいボーッとしているでしょうか。それは長い一日が終わってお風呂の中で、お布団の中で、あるいは新しい一日の始まりの通勤通学の電車の中でかもしれません。よくよく考えてみますと、一日のうちでボーッとする時間を持つということは、とても難しいことなのかもしれませんね。

すべての人がそうだとは言えませんが、例えば、夜空の星を見上げる時、車窓から外の景色を眺める時、畑を耕しながら野菜の成長を楽しむ時間などは、本当に贅沢《ぜいたく》な時間ではないかと私自身は思っています。少しでも意識して、一日の中でこうした贅沢な時間というものを持ちたいものです。

きょうのみことばは、「空の鳥を見なさい。種蒔きも、刈り入れもせず、また倉に納めることもしない。それなのに、あなた方の天の父はこれを養ってくださる。……

野のゆりがどのように育つか考えてみなさい」と、イエスさまが人びとを諭《さと》される場面です。この箇所には、たびたび【思い煩う】という言葉が出てきます。「煩う」という言葉には、「あれこれと考える。心の中で悩み、苦しむ」という意味があります。また、「煩」という字を見てすぐ頭に思い浮かぶのは、「煩悩《ぼんのう》」という言葉ではないでしょうか。「煩悩」とは仏教用語で、「人間そのものが持っている欲」という意味だそうです。この福音の箇所で最初にイエスさまは、誰に仕えることが最も大切なのかという意味で、「あなた方は神と富に仕えることはできない」と言われます。〝神に仕える〟とは、「自分以外の人」と言い換えてもよいかも知れません。そして、〝富に仕える〟とは、自分の利益のために行う行為だと言えるのではないでしょうか。

私たちが相手を思って何かをする（仕える）時、自分のことはさて置いて、まず相手のことだけを考えています。母親は自分の子供が病気の時、その子のことしか頭にありません。私たちが自分のためではなく相手のために何かをしようとするときに生じる心、それが「いつくしみと愛」だと私は思っています。

一方、「富に仕える」というのは、自分の財産や自分の有利さ、自分の欲、自己中心的なものの考え方をしているときだと言えるでしょう。この二つの〝仕え方〟には、

「相手への愛」と「自己愛」という、相反するものがあるように感じています。イエスさまはどうしても自分中心の考えに傾きやすい私たちに対して、「思い煩ってはならない」と言われているのです。

「思い煩う」という言葉には、「心がバラバラになる」という意味があるようです。時々耳にする「右に行くべきか、左に行くべきか」という言葉は、まさに心が二つに分かれて思い煩っている状態です。それは、自分がどのように歩んで行ったらよいのか、方向が定まらない心の状態だと言えるでしょう。

そのような時にイエスさまは、「空の鳥を見なさい」と言われるのです。それを聞いた当時の人びとはきっと、「そんな暇なんてないよ。そんな時間があるのだったら、仕事をして家族を養わないと」「まだ、こんなにしなければならない仕事が残っているのに……」と、不満を覚えたのではないでしょうか。そんな彼らの不平や不満をよくご存知の上であえてイエスさまは、「空の鳥を見なさい」と言われるのです。

先日、修道院のお庭に植わっている山茶花《さざんか》の花にメジロが一羽止まっていました。最近は、ゆっくりとお庭を眺める機会もなかったのですが、この時、メジロの目の周りに白くて丸い輪があることにあらためて気付きました。ほんの数分の出来事なのですが、何かとても心が和むのを感じました。そのとき、きょうのみことばを通してイエスさまから「もう少し、自然に目を向ける心の余裕をお持ちなさいな」と言われたような気がしました。

パウロは、「主に結ばれた者として、いつも喜びなさい。重ねて言います。喜びなさい。……何事も心配せず、すべてにおいて感謝をこめて祈り、かつ、願い、あなた方が望んでいることを神に向かって打ち明けなさい。そうすれば、人間の理解を遥かに超える神の平和が、キリスト・イエスに結ばれているあなた方の心と思いを守ってくださいます」と、手紙の中で記しています（フィリピ4・4〜7）。

この箇所には、私たちが陥りやすい「思い煩う」心の状態を解決するヒントがあるように思います。弱い私たちは、苦しみや悩みに遭遇すると、「何事も心配せず、すべてにおいて感謝をこめて祈る」という事がなかなかできません。それでもパウロは、「いつも喜びなさい」と重ねて勧めながら、「あなた方が望んでいることを神に向かって打ち明けなさい」と続けます。私たちは日頃、御父にどれほど感謝しながら、自分の思いを率直に神に打ち明けているでしょうか。

イエスさまは「まず、神の国とその義を求めなさい」と、生きる上での優先順位を明示されます。生活するためには、着ることも食べることも働くことも、それぞれとても大切なことです。しかし、忘れてならないのは、「まず、神の国とその義を求めることだ」とイエスさまはおっしゃるのです。いつくしみの神である御父は、ご自分に仕えようとしている者に対して、決して知らない顔はなさいません。イエスさまは「これらのものはみな、加えて、あなた方に与えられる」と言われ、パウロも「人間の理解を遥かに超える神の平和が、キリスト・イエスに結ばれているあなた方の心と思いを守ってくださいます」（フィリピ4・7）と断言します。

きょうのみことばからは、御父に対する全き信頼と安心、そして未来への歩みの希望を汲み取ることができる、そんな気がしています。

「ただ、主のみに仕える」という種

四旬節第1主日（マタイ4・1〜11）

教会の典礼は四旬節に入りました。ミサの中で司祭が着用する祭服の色も緑色から紫色に変わり、祭壇を飾っていたお花も少し華やかさがなくなったように感じます。私たちはこの四旬節を通して、どのように復活祭を迎える準備をしたらよいのでしょうか。何かを我慢する、あるいは何かを犠牲しなければいけないというだけでは、せっかくの四旬節がただ苦しいだけの季節になるように思います。むしろイエスさまが復活されるのですから、そのために何を準備しようか。何か素敵な良いことをしようといった積極的な善行を考え、実行する気持ちの方がふさわしいかもしれません。

きょうのみことばの箇所は、イエスさまが洗礼者ヨハネから洗礼を受けられた後で、悪魔から三つの誘惑に遭われる場面です。みことばは「さて、イエスは霊に導かれ荒れ野に行かれた。それは悪魔によって試みられるためであった。そして、四十日四十夜断食した後、空腹を覚えられた。すると、試みる者が近づき……」という箇所から始まります。
イエスさまは、ご自分の意志で荒れ野に行かれたのではありません。みことばは、「霊に導かれ」、さらに「悪魔によって試みられるためであった」と記しています。

どうして霊は、イエスさまをわざわざ悪魔の試みに遭わせるために荒れ野に導いたのでしょう。私は、人間が陥る誘惑をイエスさまが「キリスト」としてその身にお受けになるためだったと思っています。私たちは一人の例外もなく、神さまに愛されている、神さまにとってかけがえのない子供です。その子供たちすべてを代表してイエスさまは、悪魔の試みに遭われたのでした。

パウロの『ヘブライ人への手紙』には、「この大祭司は、わたしたちの弱さに同情できないような方ではありません。罪を犯さなかった以外は、すべてにおいて、わたしたちと同じように試みに遭われたのです」（ヘブライ4・15）と書かれています。この箇所は、私たちがこれから迎えようとしている復活祭の準備のための一つのヒントになるような気がします。

さてイエスさまへの第一の試みですが、みことばには、〝試みる者が近づき〟とあり、まだ〝悪魔〟だとその正体は明らかにされていません。ここでよく注意しなければばならないのは、悪魔が私たちに近づいて来る時には、見るからに「悪魔」とは見えない（思えない）ような姿で近寄って来るということです。この事は、「悪魔の狡猾さに注意しなさい」という強い警告を私たちに伝えていると言えます。

悪魔はまず、私たちが肉体を維持する上において必要不可欠な「食欲」から誘惑してきます。ここでは、単に体の空腹を満たすための食事（パン）を指しているのではありません。悪魔の誘惑をイエスさまは、「神の口からでるすべての言葉によって生きる」と退けられます。ということは、〝空腹〟とは肉体的な空腹だけではなく、霊的な「心の空腹（飢餓）」と言ってよいでしょう。私たちの心が空腹の時、つまり悲しみや寂しさ、怒りなどでいっぱいで神さまのことを忘れているその時にこそ、悪魔の誘惑に陥る危険があるのです。

第二の誘惑で悪魔はイエスさまに、「もしあなたが神の子なら、ここから身を投げなさい……」と言います。これに対してイエスさまは、「あなたの神、主を試みてはならない」と言下《げんか》に否定されます。この箇所は、私たちの虚栄心に対する誘惑に注意しなさいと警告しているように思います。

私たちは誰しも、「人から尊敬されたい」「評価されたい」「有名になりたい」という思いを抱いています。しかしそればかりを求めていると、自分より優れた人に対して嫉妬や憎悪が生まれ、その反対に自分より下だと思われる人を蔑《さげす》むという気持ちが生まれて来ます。また、自分の能力や才能を過信するという傾きも生じて来るかもしれません。イエスさまの「あなたの神、主を試みてはならない」というみことばは、表面的な〝虚栄心ではなく、ただ御父のみに信頼しなさい〟ということを教えてくださっているように思います。

そして最後の誘惑は、神以外のものを礼拝するという【偶像崇拝】への誘いです。これは私たちの心が神にではなく、どこか別の所に向いているということではないでしょうか。私たちの心は今、権力や名声、富といった方に向いているのか。それとも御父のみ旨を果たすことだけに向かっているのか。そのことをよく見極めなくてはなりません。イエスさまは、誘惑する者（悪魔）に対して敢然と言い放ちます。「サタンよ、退け。『あなたの神、主を礼拝し、ただ主のみに仕えよ』」と。

時々、私たちの心が今どこに向いているのかということに思いを巡らすということは、とても必要で大切なことに思われます。その時に私たちは、いかに自分が御父の愛に支えられて、良い環境、良い共同体、そして充実した時間といった私たちに必要なものが惜しみなく、そして十分に与えられているかに気付くことでしょう。

強い意志をもって私たちが「主に仕える」恵みを祈り求める時、御父は必ず私たちにそのための必要な恵みをくださいます。このことをどんなときも忘れないように、疑わないようにしたいものです。きょうのみことばは、狡猾な悪魔は常に私たちの心の隙間を狙っていること。その企みに陥らないために、「いつも御父だけを見つめて歩み続ける」ことの大切さを教えてくれているように思います。

みなさん、どうぞよい四旬節の準備ができますように。

「耳を傾ける」という種

四旬節第2主日（マタイ17・1〜9）

私たちは視覚や聴覚そして臭覚などから、さまざまな情報を得ることができます。これらの他に味覚や触覚などが加わると、さらにその情報や感覚は記憶として脳内に強く残ります。例えば、新聞のチラシを見てそこに出ている商品の中から気に入ったものを購入したり、映画館で本編の上映前に次回作のお知らせやパソコンで映画の予告動画などを観て、その映画に関心を持たれたという経験はないでしょうか。このように、視覚や聴覚から受け取る刺激は、私たちにとても多くの情報や記憶を与えてくれます。

きょうのみことばは、イエスさまが「変容」される場面です。この「主の変容」の箇所が読まれるのは、八月六日の「主の変容の祝日」と「四旬節第2主日」の福音（B年はマルコ9・2〜10、C年ルカ9・28b〜36）です。どうして「四旬節第2主日」にこの箇所が読まれるのでしょうか。

その一つには、「主が復活した栄光の姿を弟子たちに示されたから」と言われています。四旬節は、主のご受難を黙想しながらその復活を準備する期間でもあります。そのためには苦しみだけでなく、復活された神であるイエスさまの栄光のお姿を黙想するということがとても重要なのでしょう。そしてそれは、私たちの日常生活においても同じことが言えると思います。

例えば、受験生が目標の学校を目指して勉強する期間というものは、本人にとっても、また家族にとってもつらく苦しいことでしょう。しかし、その苦しみの向こうにある志望校への「入学」を意識することで、その苦しみは希望へと変化するのです。登山家やスポーツ選手が厳しい練習を自らに課して山頂を目指す、あるいは優勝を目指すというのも、同じことだと言えます。このように、苦しみを単に苦しい、つらいというネガティブなままに終わらせずに、目標を持つことによって「希望」を得ることができるのです。

イエスさまはご自分の受難を弟子たちにお話しになった六日後に、数人の弟子だけを連れて高い山に登られます。弟子たちがご自分の受難の予告を聞かされて不安に陥っているのではないかと、イエスさまは心配されたのかもしれません。

そして日常の活動の場ではなく、特別な場所として高い山に弟子たちを伴い、そこで「ご変容」されるのです。みことばは、「彼らの見ている前でイエスの姿が変わった。顔は太陽のように輝き、衣は光のように白く光った」と記しています。イエスさまのこのお姿、それは天の栄光の姿そのものでした。

イエスさまのこの光り輝くお姿は、旧約の指導者モーセが御父との契約の証しである二枚の石板を携えてシナイ山から降りてきた時の姿（出エジプト34・29〜30）や、「ヨハネの黙示録」でヨハネが見た幻の姿（黙示録1・13〜16）と同じような描写を用いて記されています。

こうしたイエスさまのお姿は、弟子たちの目にはどのように映ったのでしょうか。ペトロは、イエスさまがモーセと、やはり旧約の偉大な預言者エリヤと話しておられる光景を見て、「主よ、わたしたちがここにいるのは、素晴らしいことです」と、興奮に駆られて言います。きっと、この時に彼らが見た「イエスさま」のお姿はその目に焼き付き、生涯忘れられない体験となったことでしょう。

しかし、そのすばらしい体験は長くは続きませんでした。みことばは、「ペトロがまだ言い終わらないうちに、光り輝く雲が彼らを覆った。すると、雲の中から声がした。『これは私の愛する子、わたしの心にかなう者。彼に聞け』。弟子たちはこれを聞いて倒れ伏し、非常に恐れた」とあります。弟子たちは、この声が神からのものであることを直感的に感じたのでしょう。当時、「神を見たものは、死んでしまう」と言われていました。そのため、弟子たちは、驚きとともに死への恐怖もあったに違いありません。するとイエスさまが彼らに近づき、そっと触れて「起きなさい。恐れることはない」と声をかけられます。私はここに、弱い弟子たちを気遣い、憐れむイエスさまのやさしさといつくしみ、深い愛というものを強く感じるのです。

さて、御父の「これは私の愛する子、わたしの心にかなう者。彼に聞け」というみ声は、ヨルダン川でのイエスさまの洗礼の時にも響いたことばと同じです。この「彼に聞け」という御父のみ声は、弟子たちだけでなく今も、私たち一人ひとりに対して向けられています。毎日目まぐるしく過ぎ去っていく日々の生活の中で、私たちはどんな時でもいつもともにいてくださるイエスさまのお声に耳を傾けているでしょうか。

弟子たちは、イエスさまの「変容」のお姿に触れて〝神体験〟をしました。

「お望みなら、わたしはここに三つの仮の庵を造りましょう」というペトロの熱に浮かされたような言葉は、この霊的な恍惚状態を何としても一瞬でも留めておきたかった心の素直な表れなのでしょう。ペトロのこの気持ちというものは、私たちにも共通して言えるものかもしれません。時々、心が洗われるような美しい典礼や充実した黙想会にあずかった時、また、よく準備されたみことばの分かち合いにおいて、「霊的な心地よさ」を感じたといったような経験をしたことはないでしょうか。

しかし、そうした至福の時は日常の中ではいつまでも続くものではありません。「ご変容」の後でイエスさまは弟子たちとともに山を降りられますが、それは、「普段の日常生活に戻る」ということを表しています。

きょうのみことばは、〝大切なのは霊的な高ぶり〟の時だけではなく、平凡で何の変哲もないような普段の生活の中で、イエスさまの語るお声を聞き分け、イエスさまの教えに従った生活を心静かに、落ち着いて実践するということを教えてくれているように思います。

「真の出会い」という種

四旬節第3主日（ヨハネ4・5～42）

私たちは日々、多くの人と出会いの時を持ちます。それは学校やご近所とのお付き合いであったり、仕事関係や趣味の集まり、教会での会合や勉強会など、たくさんの人と出会う機会があります。最近は、フェイスブックなどのように、顔と顔を合わせないSNS（ソーシャル・ネットワーキング・サービス）を使っての出会いといったものもあることでしょう。

茶道には「一期一会《いちごいちえ》」という言葉があります。「今のこの出会い、今のこの時は、生涯にただ一度限りの出会いですから、大切にして一生懸命おもてなしをしましょう」という意味のようです。こうした出会いを通して、お互いに自分を分かち合い、影響し合って、それが生涯の友を見つけるということにもつながっていくかもしれません。人との出会いとは、実にダイナミックであり、すばらしいものだと思います。イエス

きょうのみことばは、サマリアの女性とイエスさまとの出会いの場面です。イエス

さまは、ユダヤからガリラヤへ行かれる途中でサマリアを通られます。みことばには「時は昼の十二時ごろであった」とありますので、イエスさまたち一行は、暑い中を長いこと旅をされてきて、かなりお疲れになっていたのでしょう。イエスさまと弟子たちは、井戸の傍らで休まれます。そのような時に、一人のサマリア人の女性が水を汲みにやって来たのです。イスラエルの日中というのは、とても暑い時間帯ですから、ほとんどの人は朝の涼しい時間に水を汲みに行きます。しかしこのサマリアの女性は、そうした涼しい時間帯にではなく、人のあまりいない暑い昼間の時間をあえて選んで水を汲みに来ています。なぜでしょうか?

この女性には過去に五人も夫がおり、今も夫ではない男性と住んでいました。そのため、町の人たちと顔を会わせたくないという理由もあったのでしょう。

イエスさまは長旅のお疲れもあり、ちょうどそこに水を汲みに来たこの女性に「水を飲ませてください」と声を掛けられます。イエスさまが、ごく自然に彼女に話しかけられていることに注意したいと思います。そしてこのひとことが、彼女のそれからの人生を大きく変えたと言ってよいでしょう。彼女との会話の中でイエスさまは、「この水を飲む人はみな、また喉が渇く。しかし、わたしが与える水を飲む人は、永遠に渇くことがない。それどころか、わたしが与える水は、その人の中で泉となって、永遠の命に至る水が湧き出る」と言われます。このイエスさまのことばは、彼女だけでなく、私たち一人ひとりに向けて言われた言葉ではないでしょうか。私たちにとって、飲んでもまた渇く〝水〟とはいったい何でしょう。

それは、人間的で利己的な「欲求・欲望」だと思います。私たちは、何か欲しいものを手に入れると一時的には満足しますが、さらに続けて別のものが欲しくなります。一方、「永遠に渇くことがない水」とは、霊的な〝欲求〟と言い換えてもよいでしょう。イエスさまが私たちにお与えになる水、それは〝愛〟という水です。この愛という水は渇くことがなく、私たち自身だけでなく、周りの人にも分かち合われるのです。洗礼の恵みをいただいている私たちは、すでにその〝水〟をいただいていますが、時々そのことを忘れてしまっているか、または飲んでも渇きの癒えない「別の水」を飲み過ぎているのかもしれません。私たちもこのサマリアの女性のように、「その水をわたしにください」と、心の底からイエスさまに願いたいものです。

このサマリアの女性は、イエスさまと会話をする中で徐々に変えられていきます。自分の過去をイエスさまに言いあてられた彼女は、「主よ、お見受けしたところ、あなたは預言者です」と、驚きと同時に自分の心情を吐露します。そして二人の話は「礼拝する」という言葉を使いながら、信仰の核心へと向かっていくのです。

イエスさまは、「婦人よ、わたしを信じなさい。……霊と真理において、御父を礼拝する時が来る。今がその時である。……神は霊である。だから、神を礼拝する者は、霊と真理において礼拝しなければならない」と言われます。

私たちは祈る時、三位一体の神に向かって、自分の祈りの意向(目的)について心を集中すると思います。親が病気のわが子の回復を一心に神に願う時、そこには自己中心的な欲望というものは一切ありません。確かに私たちは弱さのゆえに、祈りの時にしばしば気を散らしてしまうことがあります。そのような時は御父に、「父よ、どうか、霊と真理において祈らせてください」とお願いしましょう。御父は必ず助けてくださいます。

イエスさまとこのサマリアの女性との出会い、それは二人だけのことで終わりませんでした。彼女は、もう周囲の人の目を気にすることなく、イエスさまのことを町中の人に知らせて回ります。彼女はイエスさまによって根底から造り変えられ、その抑えきれない喜びを人びとに分かち合ったのでした。この女性の中には、イエスさまの言われた〝永遠の命に至る水〟が湧き出たのです。そしてそれだけでなく、人びとの心の中にもこの「命の泉」が造られたのです。

人びとはイエスさまの言葉に感動し、ユダヤ人とサマリア人という隔ての垣根を取り除いて、「真の父」である神を礼拝する喜びに目覚めたことでしょう。

このサマリアの女性のように、私たちもイエスさまの「命」のみことばを勇気をもって周囲に伝えたいと思います。イエスさまの〝愛の泉〟、それは私たちの小さな心から溢れ出していき、周りの人の心へと沁み通っていくことでしょう。

「真の出会い」を通して、御父のみことば、そしてイエスさまのみことばを伝えることができますように祈り、その恵みを求めていきたいものです。

「イエスさまなら」という種

四旬節第4主日（ヨハネ9・1〜38）

四旬節も折り返しに入りました。この四旬節、私たちはどのように過ごそうと決心したでしょうか。中間点であるこの時期に今一度、思い返してみるのもよいかもしれません。まだ決めていない方は、「御父なら、そしてイエスさまならどう過ごされるだろう」というように考えてみるのもよいかもしれません。生活の中で物事を〝御父の目〟、〝イエスさまの目〟で見て、そして考えていくのです。ある人が教皇フランシスコに、「教会は同性愛を認めるのですか?」という質問をしました。それに対して教皇様は、「私は、別の質問で応じたいと思います。どうか、この質問に答えてくださいませんか。神は、同性愛の人の人格をご覧になって、その人の人格を愛をもって認められますか。それともその人を断罪して退けますか?」と。

この教皇様の逆質問は、「御父だったら、そしてイエスさまだったら、どのようにされるだろうか」ということを、いつもお考えになっているがゆえのお答えだと言ってもよいでしょう。私たちがイエスさまのお望みのようにできなかったとしても、せめて「あのイエスさまならこの場合、どうなさるだろうか」と考えてみるだけでも、神さまへの四旬節の大きなささげ物になると私は思っています。

「サムエル記」には、「主はサムエルに仰せになった、『容貌や背丈にとらわれるな。わたしはその者を退けた。人間が見るようには見ないのだ。人間は外観を見るが、主は心を見る。』」（サムエル上16・7）とあります。これは、神の視点は私たちの見方とはまるで違っていて、その人の、あるいは物事の究極の本質をご覧になるということをはっきりと示しています。

きょうのみことばは、生まれつき目が見えない人をイエスさまが癒やされる場面です。イエスさまは、通りすがりに生まれつき目が見えない人をご覧になります。当時、何らかの障がいを持っている人は、本人もしくはその人の身内が〝罪〟を犯したからだとされていました。そのような間違った考え方をしている人たちに対してイエスさまは、「この人が罪を犯したのでもなく、この人の両親が罪を犯したのでもない。むしろ、神の業《わざ》がこの人のうちに現れるためである」と言われます。

この言葉によってイエスさまは、ご自分がこれから行う奇跡は、「御父のご計画である」ことを明らかにされるのです。さらに「世にいる間、わたしは世の光である」と言われて、それからこの目が見えない人の目を癒やされるのです。この癒やされた人は、どれほどうれしかったことでしょうか。

みことばには、目を癒やされた後に彼の両親の言葉として、「もう大人ですから、自分のことは自分で話すでしょう」（ヨハネ9・21）とありますから、本人とその両親は、もう何十年もの間、「罪びと」として周囲から排斥され、屈辱に耐え、あるいは自分が罪びとであるということに深く傷つき、長い間、負い目を感じて生きてきたのでしょう。そうした絶望の中にあったこの人の心をイエスさまは癒やされ、光を与えられたのです。しかし癒やされた喜びもつかの間、この人はもっと苦しい現実に遭遇するのでした。それは、周りの人たちの反応でした。誰一人として、彼の目が癒やされたことに対して祝福の言葉をかける者はいませんでした。ファリサイ派の人を含めユダヤ人たちは、自分たちは罪びとではないということを前提にしてこの人を見ていました。周囲の人たちの議論の中心は、「一体誰が、何の目的で、しかも安息日にこの男の目を見えるようにしたのか？」ということでした。彼らは目が見えるようになったこの人に対して、「どのようにして見えるようになったのか」と問いただし、同じように彼の両親にも尋ねます。当時のイスラエルでは、イエスさまを〝救い主〟と言い表した人に対しては、ユダヤ社会から追放するという決まりがありました。ですから、癒やされた人の両親はユダヤ人共同体から追放されることを恐れて、「もう大人ですから、自分のことは自分で話すでしょう」と、責任が自分たちに及ばないように答えたのです。この両親のひとことは、息子にとってはとても残酷なものです。せっかく目が見えるようになったのに、彼はますますつらい現実を受け入れなければならなくなったのですから。結局この人は、ユダヤ人社会から追放されてしまいます。

その時、イエスさまは彼に会われて「あなたは人の子を信じるか」と声をかけられます。この問いかけに対して彼は、「主よ、信じます」と言ってイエスさまを礼拝するのです。イエスさまは、この人がユダヤ人社会から追い出されても、〝本当の光〟を見ることのできる「目」というものをお与えになったのです。彼は今まで自分が背負わされていた〝罪びと〟という殻を破り、イエスさまにつき従っていく決意を新たにするのです。

イエスさまの与える癒やし、それはいつでも、すべて御父のご計画に基づくものでした。目が見えるようになったこの人はこれから先、イエスさまからいただいた光

（恵み）を惜しみなく人びとに伝えていったことでしょう。パウロは、「『光の子』として歩みなさい。……キリストがあなたを照り輝かせます」（エフェソ5・8、14）と伝えています。私たちには、「光」であるイエスさまに照らされて、イエスさまのお考えを共有するという実に大いなる恵みが与えられているのです。目を癒やされた彼のように、私たちも今一度、「主よ、信じます」という心からの信仰告白とともに、イエスさまのみ旨を忠実に果たすことができる恵みを祈りましょう。

「信仰によって信じる」という種

四旬節第5主日（ヨハネ11・1〜45）

「百聞《ぶん》は一見に如《し》かず」と言う言葉があります。私が小学校一年生の頃だったでしょうか、側溝から這《は》い上がってきたトンボの幼虫ヤゴが羽化《うか》するところを初めて目にしました。その時の驚きと神秘は、今も記憶の中に鮮明に残っています。何年かして、それがトンボやセミなどが脱皮して成虫になるということだと知ったのですが、知識として理解することと実際に現場で〝見る〟、〝体験する〟ということには大きな違いがあるということを実感しました。幼虫のヤゴとしての命は、成虫のトンボになってもそのまま引き継がれているという意味では、「復活」を考える時の何かのヒントになるかもしれません。

きょうのみことばは、ラザロが復活する場面です。イエスさまと弟子たちは、ユダヤ人たちから石を投げられそうになって、ユダヤを離れてガリラヤへ戻る途中だったのでしょう。ちょうどそのとき、マリアとその姉妹マルタの使いの者がベタニアからイエスさまのもとに来て、姉妹の兄弟ラザロが病気であることを伝えます。

イエスさまは、その知らせを聞いてもすぐベタニアに向かおうとはなさらず、「この病気は死ぬほどのものではない。神の栄光のためのものであり、神の子はそれによって栄光を受けることになる」と言われて、二日間もそこに留まります。マルタとマリア、そしてその兄弟であるラザロを深く愛しておられたイエスさまは、本当はすぐにでも彼らの所に行きたかったのかもしれません。しかし、それをしなかったのは、御父のみ旨を行うためでした。

数日前、ユダヤ人たちに石を投げつけられて殺されそうになったにも関わらず、イエスさまは「もう一度ユダヤに行こう」と弟子たちに言われます。この二日間というものをイエスさまは、どのような気持ちで過ごされたのでしょう。

みことばは、イエスさまと弟子たちとの会話を紹介しています。そしてイエスさまは、「ラザロは死んだのだ。わたしがそこに居合わせなかったことは、あなた方のためによかった。あなた方が信じるようになるためである。ともかく、ラザロの所に行こう」と言われて、そして初めて腰を上げられます。これからなさろうとする神の業《わざ》、死んだラザロの〝復活〟を弟子たちに信じさせるために、イエスさまはこの二日間という時を待たれたのです。イエスさまの「ともかく行こう」という言葉には、「何があろうと行かなければならない」という強い意志が表れているように感じます。

さてベタニアに到着すると、イエスさまはまず最初にマルタと会われます。マルタは、「主よ、もしあなたがここにいてくださったなら、わたしの兄弟は死ななかったでしょう。しかし、あなたが神にお願いすることは何でも、神がかなえてくださると、今でもわたしは知っております」と訴えます。それに対してイエスさまは、「あなたの兄弟は復活する」と断言されるのです。サドカイ派以外のユダヤ人たちは、死後、人が〝復活〟するということを信じていました。イエスさまは彼らが信じている〝復活〟という言葉を使いながら、再び「わたしは復活であり、命である。わたしを信じる者は、たとえ死んでも生きる。生きていて、わたしを信じる者はみな、永遠に死ぬことはない。このことをあなたは信じるか」と問われます。この箇所こそが、きょうのみことばの中心だと言ってよいでしょう。

イエスさまご自身が〝復活〟であり〝命〟である、ということなのです。しかしこの言葉は、私たちには何やらピンと来ないことですし、また理解しがたい言葉でもあります。しかしイエスさまは、たとえ意味は分からなくても「信じなさい」と言われるのです。ミサの中で私たちは、「罪のゆるし、からだの復活、永遠のいのちを信じます」（使徒信条）、または「罪のゆるしをもたらす唯一の洗礼を認め、死者の復活と来世のいのちを待ち望みます」（ニケア・コンスタンチノープル信条）と、信仰宣言をします。イエスさまが私たちにお示しになった「復活」を信じるとは、理性や感性によってではなく、信仰によって信じるものなのです。パウロは、「しかし、キリストが復活しなかったとすれば、あなた方の信仰は馬鹿げており、あなた方は今なお罪の状態に留まっていることになります」（一コリ15・17）と記しています。

先のイエスさまの言葉を聞いたマルタは、「はい、主よ、あなたがこの世に来られるはずの神の子、メシアであると、わたしは信じております」と応じるのです。きょうのみことばの中には、たびたび「信じる」という言葉が出てきます。そのおことばを通してイエスさまは、私たちに何を「信じなさい」と言われているのでしょうか。

マルタの姉妹マリアも、「主よ、もしここにいてくださったなら、わたしの兄弟は死ななかったでしょうに」と言っていますし、人びとも「目の見えない人の目を開《あ》けたこの人も、ラザロを死なせないようにはできなかったのか」と、イエスさまを非難するような口ぶりです。人びとは死者が復活するということを頭では解っていても、

「心から信じる」というところまで行っていなかったのです。イエスさまはラザロを死から復活させることによって、人びとに「復活」を心の底から信じるようにされたのです。そして御父への感謝の祈りの中でイエスさまは、「父よ、わたしの願いを聞いてくださったことを感謝します。あなたがいつもわたしの願いを聞いてくださることを、わたしは知っておりました。しかし、わたしは、周りにいる人たちのためにこう申したのです。あなたがわたしをお遣わしになったことを、彼らに信じさせるためです」と言われます。ミサにあずかるたびごとに、私たちはイエスさまと一緒になって、その〝死と復活〟にもあずかっているのです。この計り知れない恵みを知識としてだけでなく、心と体を通した全身で「信じる」ことのできる信仰を三位一体の神に願い求めたいものです。

「十字架を想《おも》う」という種

受難の主日（枝の主日）（マタイ27・11〜54）

私たちは、いろいろな宗教絵画や聖堂の中で、十字架につけられたイエスさまのご像（ご絵）を目にすることがあります。そうしたイエスさまのお姿は、時代やその国の文化・背景というものを反映して、傷つき血を流されている痛々しいものから、豪華できらびやかなもの、そして、復活された勝利のキリストを表現した十字架像など、実に多様です。これらの十字架を心静かに、じっと仰ぎ見ることによって深い黙想に入り込むことができます。きょうの典礼の大きなテーマの一つ、それは「十字架」と言ってよいでしょう。十字架、それはイエスさまの尊い贖《あがな》いによって、私たち人類が救われたということをはっきりと示しています。

きょうのみことばでは、イエスさまが人びとの歓呼の中、エルサレムに入られる入城の場面と、それとは打って変わって不正な裁判による十字架の死という、正反対の二つの場面が朗読されます。最初のエルサレム入城で人びとは、「ダビデの子にホサンナ。主の名によって来られた方に祝福があるように。いと高き所にホサンナ」と歓呼の声をあげ、さらに「この方は、ガリラヤのナザレ出身の預言者イエスだ」とほめたたえます。しかし、二つ目のみことばの中では、「十字架につけろ」、「十字架につけろ」の怒号に変わっていきます。ここに表れている群衆の正反対の変化は、どうしようもない私たちの弱さと愚かさ、そして、集団になった時の人間の恐ろしさと頑《かたく》なさというものを示しています。

きょうは二つ目の朗読、イエスさまの受難について黙想してみたいと思います。マタイ福音書はイエスさまの受難の苦しみを、他の福音書と比べてこれでもかというほど詳しく伝えています。きょうのみことばの前の節には、イエスさまを裏切ったイスカリオテのユダが自殺したという記述が載っています（マタイ26・3～10）。これまで一緒に行動し、苦楽をともにしてきた弟子が自殺をしたという悲しみと苦しみをイエスさまはとても強く感じられたことでしょう。さらに、これからご自分の身に振りかかる不正な裁判と人びとの変わりようを思われるとき、「わたしの神、わたしの神、どうしてわたしをお見捨てになったのですか」と思わずにはいられませんでした。なぜマタイ福音記者は、イエスさまのお苦しみをこれほど克明に伝えたのでしょうか。

それは、これほどまでの苦しみの中にあってなお、イエスさまが人類を救ってくださったということを強調したかったのではないかと思うのです。

みことばの始めには、ローマ総督ピラトの前に立たれたイエスさまのお姿が伝えられます。「お前はユダヤ人の王か」というピラトの問いに対してイエスさまは、「それは、あなたが言っていることである」と答えられます。イエスさまは、この不正な裁判から十字架上で息を引き取られるまで、ほんのわずかしか口を開いていません。イエスさまがことあるごとに批判してきた祭司長たちや律法学者、民の長老たちの「あの男は他人を救ったが、自分を救うことはできない。イスラエルの王なのだ。今、十字架から降りてみるがよい。そうすれば、われわれは信じてやろう」という憎しみと敵意に満ちた罵《ののし》りの言葉にも、ひとことも反論されません。そこには、沈黙のうちに苦しみに耐えるお姿と同時に、御父への全き従順と信頼とが投影されているように思います。

イエスさまのお苦しみ、それは十字架上で息絶えるだけでなく、バラバという殺人犯との交換、重い十字架を担ってゴルゴタの丘まで歩かされる想像を絶する苦しみの道のり、さらには人びとのあざけりの中、犯罪人である強盗たちと一緒に衆人環視の中で衣服をはがれ、十字架にはりつけにされる屈辱と無力感。これらすべてをイエスさまは、沈黙のうちにひたすら耐え忍ばれたのです。

パウロは、「キリストは神の身でありながら、……死に至るまで、十字架の死に至るまで、へりくだって従う者となられました」（フィリピ2・6～11）と、イエスさまのご生涯を正確に描写します。こうしたみことばから私たちは、イエスさまの人間に対する哀しいまでのいつくしみと愛を感じ取ることができるのではないでしょうか。しかし、イエスさまの「十字架」は苦しみだけでは終わりませんでした。その死によってモーセの時代から御父と人びとを隔てていた聖所の垂れ幕が取り除かれ、死んでいた多くの人が復活していきました。

この箇所には、イエスさまがそのご生涯をかけて御父のみ旨を成し遂げた報いというものが、「人びとの救い」という形で表れています。さらには異邦人でユダヤの占領軍でもあるローマ軍の百人隊長が、「まことに、この人は神の子であった」と信仰告白をするというほどの恵みが目に見える形で示されたのです。パウロは、「こうして、天にある者、地にある者、地の下にあるものはすべて、イエスの名において膝をかがめ、すべての舌は『イエス・キリストは主である』と表明し、父である神の栄光を輝かせているのです」（フィリピ2・10〜11）と高らかに伝えます。「十字架」、それはイエスさまの受難というお苦しみだけでなく、人間に対する愚かしいまでの神の愛、信仰生活を送る上での確かな道標《みちしるべ》といった、さまざまな霊的な糧を私たちに黙想させてくれます。

パウロの伝える賛美の祈り、そして百人隊長のあの信仰告白は、十字架の前に額《ぬか》づく私たち自身の姿なのかも知れません。きょうのみことばを通して、あらためて十字架のイエスさまを想うことで、日々いただいている多くの恵みに気付き、それに心から感謝し、神であり唯一無二の友人でもあるイエスさまの「いつくしみと愛」に祈る、そのための機会にしたいと思います。

「見て、信じる」という種

復活の主日（ヨハネ20・1～10）

人生を歩む中で私たちは、幾人もの人の死に出会うことがあります。私自身、両親をはじめ、大切な人の死に何度か出会いました。確かに肉体的な死、人の死というものは、その人が現実として私の目の前からいなくなります。しかし私自身は、亡くなってからのほうが、その人のことをより身近に感じるようになりました。それは、亡くなった彼らが「永遠の命をいただいている」ということを信じているからです。

きょうのみことばは、イエスさまが復活された最初の場面です。この箇所には、マグダラのマリア、ペトロ、そしてイエスが愛していたもう一人弟子（ヨハネ）の三人が登場します。そして彼らに共通しているのは、「走る」ということです。最初にイエスさまの埋葬された墓に行ったのは、マグダラのマリアでした。彼女は、イエスさまから「七つの悪霊を追い出していただいた」人（マルコ16・9）でした。イエスさまが十字架上でお亡くなりになり、そして埋葬されるまで、マリアさまとずっと一緒に留まっていた人だと伝えられています。それは、マグダラのマリアが「七つの悪霊」（大変重い病気）から解放された時からイエスさまに感謝し、その神性を信じ、深く愛していたからだと思います。

きょうのみことばは、「週の初めの日の朝早く、まだ暗いうちに」で始まります。マグダラのマリアは、安息日が終わるのを待って、急いでイエスさまの埋葬された墓に出かけて行ったのです。「安息日が終わるのを待って」、「急いで」という表現からは、イエスさまを愛するマリアの「居ても立ってもいられない」という気持ちがとてもよく表れています。彼女は墓の前まで来て、「墓から石が取り除かれているのを見」ます。みことばには、マリアが墓の中に入ったとは書かれていません。ただ、本来ならば塞がれているはずの墓の入り口の石が取り除かれていたのを彼女は見たのでした。マグダラのマリアはこの一大事を知らせるために、「シモン・ペトロの所と、イエスが愛しておられたもう一人の弟子の所へ」〝走って〟行きます。ここにも彼女のイエスさまへの深い愛が表れています。きっと彼女もこの二人の弟子たちとともに、今来た道を全力で「走って」、墓まで戻って行ったのではないでしょうか。

みことばの次の箇所には、彼女が復活されたイエスさまと出会い、「わたしは主を見ました」（ヨハネ20・18）と、イエスさまの復活を信じてそれを伝える場面が記されています。次に〝走った〟のは、ペトロです。みことばには、「二人は一緒に走っていったが、もう一人の弟子のほうがペトロより速く走って、先に墓に着いた」とあります。なぜ、ペトロは墓に着くのが遅かったのでしょう。確かに彼がもう一人の弟子よりも年配だった、ということもあるでしょう。しかし、私にはもう一つ理由があったように思うのです。

ペトロは、イエスさまが捕らえられた時に、自分はイエスさまの弟子ではない（ヨハネ18・15以下）と、イエスさまを否定しました。もしかしたら、その時の罪の意識が彼をして素直にイエスさまの所へ行くことに後ろめたい気持ちを起こさせたのではないでしょうか。その後ペトロは、その日の夕方にイエスさまと出会うことによって、ようやく復活されたイエスさまを「信じる」ことになります。

そして「イエスが愛しておられたもう一人の弟子（ヨハネ）」も、前の二人とともに〝走って〟墓に行きます。彼は一番最初に墓に着き、身をかがめて墓の中をのぞき込みますが、ペトロが来るまで墓の中には入ってきません。そして、墓に入ってみて「イエスの頭を包んでいた布切れが、亜麻布と一緒に平らにはなっておらず、元の所に巻いたままに」なっているのを見て、初めてイエスさまが復活されたということを信じるのです。

三人の中で、唯一イエスさまが復活されたことを最初に信じたのは、この「もう一人の弟子」でした。【復活の主日】の福音は、A年からC年まで共通してヨハネ福音書のこの箇所が読まれます。それは、「もう一人の弟子も中に入ってきて、見て、信じた」（8節）という箇所があるからではないでしょうか。大切なのは、【主の復活】を〝見て、信じる〟ことだと思うのです。

きょうのみことばには、〝見る〟と言う言葉が何度も出てきます。〝みる〟という漢字は、「見る」「視る」「観る」と幾つもあり、漢字によって意味が異なっています。きょうの箇所に出てきた〝見る〟も、目に映るものを視覚的に〝見る〟ということから、調べるようにして〝視る〟、そしてじっくりと観察するように心の目で〝観る〟という段階が含まれているようです。復活したイエスさまを真に信じるためには、「もう一人の弟子が、見て、信じた」ように、信仰の目、心の目で観ることによって、初めて信じることができると言ってよいでしょう。

この四旬節の間、私たちはいくつかの節制や犠牲をイエスさまにささげてきました。そして今私たちは、〝主の復活〟を喜びと希望のうちに祝っています。私たちもきょうのみことばに登場する三人の弟子たちのように、それぞれの仕方で復活されたイエスさまと出会いました。その喜びを、人生の変わらぬ同伴者であるイエスさまの存在を身近に感じながら、周囲の人に伝えていくことができますよう「復活の主」に祈りと感謝をささげていきたいと思うのです。

「シャロームを伝える」という種

復活節第2主日（ヨハネ20・19〜29）

フィリピンで使われるタガログ語のあいさつには、「マガンダン」という言葉が必ず付きます。これは、「美しい」という意味です。日本の「こんにちは」は、現地では「マガンダン　ハポン」（美しい昼間）となります。日本語のあいさつには、「こんにちは、よいお天気ですね」とか、「こんにちは、きょうは暑いですね」というように、相手のことを思いやった時候あいさつのような言葉がよく付くように感じています。このようにあいさつとは、「相手に対して良い関係にある」ことを示すとか、「私はあなたに危害を加えません」という意志表示を表していると言われます。イスラエルでは「シャローム」と言います。これは、「あなた方に平和がありますように」という意味です。このあいさつもすばらしい言葉だと思います。

きょうのみことばは、イエスさまが復活された日の夕方の出来事です。それは弟子の一人が、イエスさまを葬った墓が「空《から》だった」ということを知った日の夕方のことでした。弟子たちは、〝空《から》になった墓〟のことを聞いてユダヤ人たちがイエスさまを殺したように、自分たちを捕まえにやって来るのではないかと恐れていました。みことばは「自分たちがいた場所の戸にはことごとく鍵をかけていた」と記しています。しかし彼らが〝戸に鍵をかけた〟というのは、自分たちがイエスさまを裏切った罪悪感という心の戸に〝鍵をかけた〟意味も含まれていたのかもしれません。そんな中、イエスさまが突然彼らの前に現れます。みことばは「そこに、イエスがおいでになって、真ん中に立って仰せになった、『あなた方に平和があるように』」と記します。

イエスさまはご自分を裏切って離れていった弟子たちに、「どうしてあなたたちは私を裏切ったのか」という非難の言葉ではなく、「あなた方に平和があるように」という「シャローム」の言葉であいさつをされます。イエスさまのこの「シャローム」のあいさつによって、弟子たちの罪悪感や喪失感は〝心の平安〟へと変わっていきます。イエスさまは彼らの【真ん中に立って】、この「シャローム」の言葉をかけられます。ここには、一つのシンボル（象徴）があるように思います。イエスさまはいつも変わることなく、私たちの【真ん中に立って】おられるのです。私たちの心が豊かな時、喜んでいる時、悲しんでいる時、すさんでいる時、怒りに駆られている時、悩んでいる時、絶望の時、どんな時でもイエスさまは私たちの心の【真ん中に立って】おられます。それと同時にイエスさまは、いつも教会の【真ん中にも立って】もおられるのです。主にお会いして大喜びする弟子たちに向かってイエスさまは再び、「あなた方に平和があるように」と言われ、「父がわたしをお遣わしになったように、わたしもあなた方を遣わす」と言われます。そしてご自分と同じように人びとに「御父の平和」を与えるために、弟子たちに派遣の使命をお与えになるのです。派遣するに先立って、イエスさまは弟子たちに聖霊の賜物を授けられ、彼らを宣教者として強め、そして力付けます。聖霊の賜物を与えられた弟子たち。「そして、使徒たちによって行われていた多くの不思議な業《わざ》と徴《しるし》とを見て、みなの心に恐れが生じた」（使徒言行録2・43）とあるように、そこにはもう、ユダヤ人たちを恐れて戸に鍵をかけていたあの弟子たちの姿はどこにもありません。弟子たちは復活されたイエスさまと出会って、真の喜びと神が与える平和（シャローム）に満たされて、さらに聖霊によって強められて世界の隅々にまで、宣教のために派遣されていくのです。この弟子たちの姿は、私たち一人ひとりの姿でもあります。イエスさまは私たちの心の真ん中に立たれて、〝平和と聖霊〟の恵みを授けられるのです。洗礼を受けた時に私たちは、堅信の恵みを一緒にいただく場合もあります。それは私たちがイエスさまのみことばを人びとに伝える力をいただくためのものであり、そのことは私たちの【個々の召命】とも深くつながってくる重要なものです。

さて、十二使徒の一人ディディモのトマスは、弟子たちがイエスさまと会った時、あいにくその場にはいませんでした。疑い深いトマスは、仲間の話を聞いてもイエスさまの復活を信じません。すると、トマスが弟子たちと一緒にいる時にイエスさまが再び現れて彼らの真ん中に立ち、「あなた方に平和があるように」と言われます。トマスはイエスさまを見て、「わたしの主、わたしの神よ」と、うめきにも似た信仰告白をします。このトマスの姿は、私たちの持つ弱さ、頑固さそのものだと言えます。そんな弱さにも関わらずイエスさまは〝シャローム〟という言葉で赦《ゆる》してくださり、逆に私たちの心を癒やしてくださるのです。トマスの信仰告白に対してイエスさまは、「あなたは、わたしを見たから信じたのか。見ないで信じる人は幸いである」と言われます。これはペトロがその手紙の中で、「あなた方は、イエスを見たことはありませんが、愛しています。今、見ていませんが、信じて、言い尽くせない輝かしい喜びに溢《あふ》れています」（一ペトロ1・8）と伝えている部分とも関連するものがあるように思います。私たちは弟子たちのように、生きたイエスさまと出会ってはいません。しかし、ペトロが伝えるように、「復活されたイエスさま」と出会うことによって、信仰の実りである「魂の救い」を手にしていると言ってもよいでしょう。

復活されたイエスさまに赦され、癒やされ、力付けられて、その恵みに感謝しながら、すべての恐れや疑いから解放されて勇気を持って「主の平和」を周囲に伝えていきましょう。「シャローム！」

「信頼して話す」という種

復活節第3主日（ルカ24・13〜35）

「霊的同伴」という言葉があります。以前は「霊的指導」と呼ばれていたようです。私がまだ修道会の志願者で高校生の頃、長上の司祭から「教皇様も霊的指導を受けておられます。あなた方もたびたび『霊的指導』をしてもらうように心掛けなさい」と言われたことがあります。そのとき私は、「エッ、教皇様でも『霊的指導』を受けているのか」と、驚いたことをよく覚えています。

「霊的同伴」は同伴者と被同伴者とに分かれますが、「指導する者」と「それを受ける者」という上下の関係はありません。同伴者は、被同伴者が何を伝えたいのかを「しっかり聴く」ということを心掛けます。一方、被同伴者は自分の日常生活の中の心の状態を同伴者に伝えます。カウンセリングと似ていますが、大きな違いはそこに神の存在があるかどうかということです。

霊的同伴をする中で同伴者は、父と子と聖霊の三位の神と一緒になって、被同伴者の声を聴きます。また被同伴者は、三位の神に自分の状態を伝えようとして話すのです。そして互いが聖霊によって満たされ、新たな一歩を踏み出すための「何か」をいただいていくのです。

きょうのみことばは、エマオへ向かう二人の弟子に復活されたイエスさまが現れる場面です。弟子たちは、自分たちの仲間からイエスさまが葬られた墓が空《から》であったこと、また、み使いたちの幻が現れて「イエスは生きておられる」と告げたことを聞きましたが、そのことが信じられなかったのでしょう。この二人の弟子は、イスラエルをローマの圧政から解放してくださる方だと信じていたイエスさまが亡くなった喪失感と失望感から、エルサレムを離れようとしていました。そんな彼らのもとにイエスさまご自身が近づかれて、一緒になって歩き始めるのです。しかし、二人の弟子にはその人がイエスさまだということが分かりませんでした。みことばは、「しかし、二人の目は遮られていて、イエスであることに気づかなかった」と記します。イエスさまは、ご自分の弟子である彼らが失望感いっぱいの状態で歩いている姿を心配されたのでしょう。このことは、イエスさまがどんな時でも私たちとともにおられるということと、私たちの心が悲しみや怒り、妬《ねた》み、忙しさなどによって「目が遮られている」時、イエスさまが一緒になって歩まれていることに気付かないことを教えているように思います。

イエスさまは、「歩きながら、語り合っているその話は何のことですか」と彼らに話しかけられます。弟子たちはイエスさまだと気付かずにエルサレムで起きた出来事について語ります。イエスさまは彼らの話をじっと聴かれていました。そして彼らが話し終えると、おもむろに「物分かりが悪く、預言者たちが語ったことのすべてを信じるには、心の鈍い者たち、メシアは必ずこのような苦しみを受け、その栄光に入るはずではなかったか」と嘆息されるのです。私たちは洗礼の恵みを受け、その後、さまざまな教会の教えを学んでいます。しかし、往々にして最も肝心なことを忘れてはいないでしょうか。このイエスさまの指摘は、私たち一人ひとりに向かって発せられた言葉だと言ってもよいでしょう。

さてイエスさまはあらためて二人の弟子に、聖書全体にわたってご自分について書かれていることを話されます。彼らはイエスさまの説明に耳を傾けながら、かつて先生であるイエスさまから聞いたのと同じ口調を思い出して、懐かしさを覚えたのではないでしょうか。弟子たちは目指す村に近づいてもなお先に行こうとされるイエスさまに、「一緒にお留まりください」と引き止めます。イエスさまは彼らの言葉に従われ、一緒に食卓を囲まれます。そして、今度はご自分がパンを手に取って賛美をささげてそれを裂き、二人にお渡しになられるのです。ここでようやく、二人は今まで自分たちと一緒に歩んでくださった方がイエスさまだと気付きます。イエスさまは彼らがご自分のことに気付いた瞬間に、彼らの前から姿を消されます。なぜでしょう?

私は、弟子たちの心が少し前までのあの絶望と喪失感の状態から、以前の彼らの心に戻ったからではないかと思います。みことばは、「『あの方が道々わたしたちに話しかけ、聖書を説き明かされたとき、わたしたちの心は内で燃えていたではないか』と語り合った」と記しています。そして二人は急いでエルサレムに引き返してそこにいた仲間たちに、自分たちも復活したイエスさまに出会ったことを伝えるのです。

きょうのみことばには、「霊的同伴」のためのヒントがあるような気がしています。イエスさまはいつでも私たちと一緒におられ、私たちの心の話を聴いてくださり、さらにご自分についても話されます。「霊的同伴」の恵みをいただく時、私たちはイエスさまと会話をする中で、あのエマオの弟子たちのように「心が燃えている」のを感じ、勇気と希望をもって一歩を踏み出す力をいただくことができるのです。

きょうのみことばは、イエスさまがどんな時でも私たちと一緒におられるということ。そしてともに歩きながら、「語り合っているその話は何のことですか」と話しかけてくださっていることに信頼して、自分の心の隠れた思いや煩い、悩み、孤独感などを包み隠さずお伝えすることの大切さ。そして、霊的に一歩を踏み出すための重要なヒントをくださっているような気がします。

「羊のようになる」という種

復活節第4主日（ヨハネ10・1〜10）

私たちの周りには、そこにいるだけで安心できる人がいるのではないでしょうか。家庭の中の父親や母親、学校の先生やクラスの○○君、○○さん、会社の中の誰それさん……。その人がただいるだけで、周りの雰囲気が和み、明るくなるというような人が。またとても残念なことですが、その逆という人も実際にはいます。みなさんの中で自分の正直な気持ちを安心して打ち明けても大丈夫な人、また、ある集まりで周りの参加者を信じて、率直な分かち合いができる（できた）という体験をお持ちの方はおられますか。私たちにとって本当に安心できる人や環境、信頼するに足る人が周りにいるというのは、とても大切なことだと思います。

きょうのみことばは、イエスさまが『よい羊飼い』であり、『門』であるという喩《たと》えの箇所です。イエスさまは、ご自分を〝羊飼い〟であると言われます。羊飼いたちは日中の間は羊を野原で放牧していますが、夜になると囲いの中に入れて羊を休ませます。きょうのみことばからは、いくつかの家が共同で羊を管理する囲いを持ってい て、それぞれの家の羊飼いが自分の羊の名前を呼んで、羊を柵の外に連れ出して行く、という情景が思い起こされます。この羊飼いの喩え話は、当時のユダヤ人たちにもすんなりと理解できたのではないでしょうか。ペットを飼っている方は、自分の飼っている生き物に名前を付けてかわいがります。また、そのペットも誰が自分の飼い主かを分かっていて、他の人が来ると逃げたり、うなったりして威嚇《いかく》します。逆に、その人が自分に対して危害を加えないことが分かると、なついて近寄って来るということもあります。そこには、人と動物という枠を超えた「信頼関係」が生まれているからでしょう。

イエスさまは羊飼いと羊の関係を用いて、ご自分と周りの人たちとの関係について語られます。みことばには、「(羊飼いは) 自分の羊をすべて引き出すと、先頭に立って行く。羊は、羊飼いの声を知っているので、ついて行く」とあります。この箇所には、羊飼いと羊との信頼関係がとてもよく表れています。羊飼いであるイエスさまはまず、ご自身が先頭に立って歩まれます。これは私たちとイエスさま、また教会とイエスさまの関係と言ってもよいでしょう。イエスさまはいつも私たちの前を歩いておられますし、私たちもイエスさまの後について行くことで安心することができます。羊飼いは、それぞれの羊を名前で呼びます。これは、羊飼いであるイエスさまが羊である私たちを、一人ひとり名前で呼ばれていると置き換えてもよいでしょう。

イエスさまは私（たち）の名前と顔をすべてご存知ですし、一人ひとりの性格、弱さもすべてご存知です。ですから私たちは、イエスさまの前では恐れることも自分を偽る必要もなく、安心してイエスさまに信頼し、すべてを委ねることができるのです。そして私たちは羊であると同時に、「羊飼い」としての使命もイエスさまからいただいているのです。もちろん、それは私たちだけの力ではなく、私たちとイエスさまが一緒になって「羊飼い」として働くのです。教会には「司牧者」として教皇、司教、司祭がその使命をいただいていますが、私たち一人ひとりの信徒にも「羊飼い」としての使命が与えられているのです。だから私たちは、「羊」であると同時に「羊飼い」でもあるのです。

さらにイエスさまは、ご自分を〝門〟であるとも言われます。門は、羊がいる囲いの中心であり、外敵から守る役目もします。イスラエルに巡礼に行かれた方はご存知かもしれません。エルサレムの旧市街地には、高くて立派な壁に囲まれた十一の門があり、その中で開かれている門は七つあります。巡礼者はそれらの門をくぐると、今までとは違う何かを感じるのではないかと思います。門は、昔の街や城といった遺跡にかぎらず、今でも学校や幼稚園、その他大きな建物や施設に備えられていて、門の中と外は別の空間というように、心を切り替える機能を果たしています。このように「門に入る」「門から出る」という行為は、私たちの心に安心感と緊張感を与えると言ってよいでしょう。私たちは「教会の門」であり、「羊の門」でもあるイエスさまによって外敵から守られているのです。「門の中」にいるかぎり、私たちは安全で安心していることができるのです。

きょうのみことばは、イエスさまが私たちとともにいてくださること。イエスさまによって守られ、導かれているということを教えてくれています。イエスさまは、「わたしが来たのは、羊に命を得させ、しかも、豊かに得させるためである」と言われます。たとえ私たちがどんな羊であっても、イエスさまは〝豊かな命〟を与えてくださると約束されているのです。

イエスさまに触れ、そのいつくしみと愛をいただいた私たちはもう、イエスさまのお声を聴き分けることができます。その呼びかけに応えて私たちもイエスさまと一緒に、新たな羊たちを見つけるお手伝いに出かけましょう。

「御父への道」という種

復活節第5主日（ヨハネ14・1～12）

唐突ですが、みなさんはおでんの具の中では何がお好きですか？　大根、ちくわ、こんにゃく、たまご、練り物……といろいろ出てくることでしょう。私は牛筋が大好きです。関東では、おでんに牛筋というのはあまり馴染《なじ》みがないかもしれませんが、私の育った福岡では、おでんの中に牛筋が入っているのは定番でした。この牛筋は、一度噛んだくらいでは噛み切れません。何度も噛みますが、それでも噛み切れません。でもやがて、噛んでいるうちにおでんの出汁《だし》と牛筋の旨味《うまみ》が口の中にじわじわと広がっていきます。そして頃合いをみて、ごくんと飲み込むのです。

聖書の中にも、一読しただけではそのみことばが何を伝えようとしているのか分からない箇所があります。みことばと牛筋を一緒にするのは、みことばに対して失礼かもしれませんけれど（笑）。しかし、一回読んでピンと来ないみことばでも、二回、三回と何度も読むうちにだんだんと味わい深いものになってきて、やがて心に響く一節を発見し、〝飲み込む〟ことができるようになるのです。

きょうのみことばは、イエスさまが弟子たちと「最後の晩餐」をしている場面です。イエスさまは、「子らよ、もう少しの間わたしはあなた方とともにいる。あなた方はわたしを捜すだろう。『わたしが行く所に、あなた方は来ることができない』と、以前ユダヤ人たちに言ったように、今あなた方にもそう言っておく」(ヨハネ13・30)と言われます。その言葉に、弟子たちの心は大きく動揺します。するとすぐにイエスさまは、「心を騒がせてはならない。あなた方は神を信じなさい。そして、わたしをも信じなさい」と言われます。イエスさまの言葉に弟子たちは不安になり、その心はまるで嵐の海に浮かぶ小舟のように揺れていました。そんな彼らの心をご存知のイエスさまは、「あなた方は神を信じなさい。そして、わたしをも信じなさい」と、二度も【信じなさい】と言われるのです。イエスさまは、天の御父を信じることと、ご自分を信じることを同列に置くことで、「三位の神」を信じることの大切さを弟子たちに伝えようとされたのだと思います。

きょうのみことばでイエスさまは、「信じなさい」という言葉を何度も使われます。この【信じる】という言葉は、一つの大きなポイントかも知れません。人間というのは不思議なもので、「信じます」と口に出して言うことによって、たとえそれが「不可能」に近いものであったとしても、「もしかしたら、何とかできるのではないか。案外うまくいくかもしれない」と、希望を感じることが実際にあるように思います。もしかするとこの「信じます」という言葉は、〝信仰〟という扉の入り口なのかもしれません。さらにイエスさまは、「よくよくあなた方に言っておく。わたしを信じるものは、わたしの行っている業《わざ》を行い、また、それ以上の業を行うであろう。わたしが父のもとに行くからである」と言われます。この箇所は、私たち一人ひとりが「イエスさまを信じて行う行動・行為」を意味しているように思います。それでは、「イエスさまを信じて行う業」とは一体何でしょうか。これは、黙想の材料となり得る一つのテーマかもしれません。

さてイエスさまは弟子たちに、「わたしがどこに行くのか、その道を、あなた方は知っている」と言われます。イエスさまはご自分がどこに行くのかというその道を、すでに私たちに教えてくださっていると言われるのです。いつでしたか、教区の召命についての集まりの時に、一人の青年が「ブラザー、私のことを覚えていますか」と言いながら近づいてきました。彼は、「○○教会の○○です。この春、○○修道会で初誓願を立てました」と教えてくれました。また彼の友人は、「私は今度、○○修道会に入会します」とフェイスブックに投稿していました。その時私は、この二人の青年との出来事を通して、「ああ、彼らはイエスさまから〝道〟を教えていただいたのだ」と心から思いました。

イエスさまは私たち一人ひとりにいつでも信号を送っていて、「わたしは道であり、真理であり、命である」と言っておられるのです。私たちに御父への道を示されるイエスさまは同時に、ご自分そのものが〝道〟であるとも言っておられます。その「道」を歩んでいるかぎり、私たちは間違うことも迷うことも、飢えることもありません。なぜなら、イエスさまは〝真理〟であり、〝命〟だからです。ご聖体とみことばを通して私たちは、イエスさまから〝命〟をいただいています。イエスさまを信じて何かを行う時、その〝命〟は私たちの信仰の活力となり、原動力となるのです。

イエスさまは「わたしを信じるものは、わたしの行っている業《わざ》を行い、また、それ以上の業を行うであろう」と言われます。このみことばに信頼して、イエスさまが示してくださった〝道〟を、私たちも恐れずに歩んで行きましょう。きっとイエスさまは私たちの拙《つたな》い業を祝福されて、その貧しい業を何倍も何十倍にも豊かにしてくださるに違いありません。

「イエスさまの約束」という種

復活節第6主日（ヨハネ14・15〜21）

食事に関する言葉に【一汁三菜】というものがあります。これは、主食のご飯にお汁と主菜（お肉やお魚）が一品と、副菜（野菜や豆、きのこなど）が二品という献立のことです。こうすることで、炭水化物、水分、タンパク質、食物繊維やミネラルなどがバランスよく摂れるようになるそうです。

また、こうした食事を摂ることによって消化が良くなり、体の隅々まで栄養が行き渡るようになるのです。ただ私たちは食事をするとき、「いま、お魚が消化されて筋肉になった」とか、「この野菜はいま、血液に変わった」などと考えて食べることはしません。そうしたことは、体が自然とうまく調整してくれているのです。そしてきょうのみことばは、イエスさまが「ご自分を愛する人に対してされた約束」についての教えです。

イエスさまは弟子たちに、「あなた方はわたしを愛しているなら、わたしの掟《おきて》を守るはずである」と言われます。では、イエスさまが私たちに教えてくださった【掟】とは何でしょう。私たちは、交通ルールや学校、会社の規則など、いろいろな【掟】を守ることによって自分の生活の安全を保っています。イエスさまの周りの人たちも、『律法』という【掟】を守っていました。しかしイエスさまの掟は、『互いに愛し合いなさい。わたしがあなた方を愛したように、あなた方も互いに愛し合いなさい』（ヨハネ13・34、15・12）という、ただ一つだけでした。この〝互いに愛し合う〟ことから、イエスさまの掟はすべて派生していると言ってよいでしょう。そしてこの【掟】は、現代《いま》を生きる私たちに対する【掟】でもあるのです。

イエスさまは御父にお願いして、ご自分を愛するすべての人に「別の弁護者」（聖霊）を遣わしてくださると約束されます。弱くて自己中心で身勝手、時には平気でイエスさまを「知らない」というような私たちに対しても、イエスさまは「別の弁護者」を遣わしてくださると約束してくださったのです。ここまで私たちを愛してくださっている方に対して私たちは、イエスさまの「互いに愛し合う」という掟を守らないわけにはいきません。

聖霊の派遣を約束してくださるイエスさまですが、同時に「その方は真理の霊であるが、その方を、世は、見ようとも知ろうともしないので、受け入れることができない」と、「弁護者（聖霊）」を拒否する人たちがいることもよくご存知でした。ヨハネ福音書の冒頭にも、「この世はみ言葉を認めなかった。み言葉は自分の民の所に来たが、民は受け入れなかった」（ヨハネ1・10〜11）と書かれてあります。世の民はイエスさまを拒み、また「真理の霊（聖霊）」も拒んでいたのでした。

この箇所を黙想するとき、私はマザー・テレサの「愛の反対は憎しみではなく、無関心である」という言葉を思い出します。私たちは時々、「見て見ぬ振り」をしてしまうことがあります。例えば、困っている人、酔っぱらって道端に寝ている人、満員電車やバスの中で見かけた身体の不自由な人やお年寄りに対して、「見て見ぬ振り」をしていることはないでしょうか。そのような時、私たちは「関わると面倒だから」、「急いでいるから」と、自分の中で何かしら理由をつけて「無関心」を装ってしまいます。とても反省させられる箇所のように思います。そしてイエスさまはそうした「世の人たち」ではなく、「あなた方はその方を知っている。その方があなた方のもとに留まり、あなた方のうちにおられるからである」と言われるのです。「あなた方は、やがて聖霊をいただくでしょう」という未来形ではなくて、「もうすでに『私たちのうちに聖霊はおられるのだ』とイエスさまは断言されているのです。何と勇気付けられるお言葉でしょうか。

私たちに聖霊を遣わすことを約束されたイエスさまは、さらにご自分とともに、天の御父も私たちの〝うち〟におられることを約束されるのです。「わたしがわたしの父のうちにおり、あなた方がわたしのうちにおり、そして、わたしがあなた方のうちにいることを、その日、あなた方は悟るだろう」。何だか数学の公式のようで頭が混乱しそうな表現にも聞こえます。しかしこの箇所は、「その日、あなた方は悟るだろう」という希望の言葉でもあります。この言葉の意味が今すぐには分からなくても、私たちは来たるべき「その日」には必ず分かるのです。私たちは、「みことば」と「ご聖体」を通してイエスさまを私たちのうちにいただいています。そこには当然イエスさまとともに、御父と聖霊も一緒にいてくださるのです。イエスさまをいただくことによって、意識していなくても「三位一体の神」がともにいてくださっていると言ってもよいでしょう。

きょうのみことばを通してイエスさまは、大切な掟である『互いに愛し合う』ことを私たちに教えてくださいました。イエスさまの方が私たちよりも先に愛してくださっているということに感謝しながら、この世における最後の瞬間まで、この【掟】を守っていくことができるように、「父と子と聖霊」の三位の神に祈っていきたいと思います。

「ともにいてくださる」という種

主の昇天（マタイ28・16～20）

以前、ホスピスチャプレン（注）でカウンセラーの沼野尚美さんのお話を聞く機会がありました。彼女が最初にアメリカに行った頃、ある家のホームパーティーに招かれたそうです。当時はまだ英語がよく分からず、周りの会話についていくことができなかったので、庭に出てそこにあったブランコに腰を下ろしていました。

そんな時、一人の少女がそばに寄って来て、彼女に声をかけるでもなく、横にあるもう一つのブランコに黙って腰をかけて一緒にいてくれたそうです。

沼野さんはその時のことに触れて、「何を話しかけるでもなく、ただ一緒にいてくれた彼女のやさしさというものが伝わってきました。本当のホスピタリティーというものは、このようにそばにいてくれるだけでよいのではないでしょうか」と話されました。この少女の姿、それはイエスさまのお姿そのものだと言えます。

きょうの典礼は、【主の昇天】です。みことばは、イエスさまがガリラヤの山で、ご自分の使命を弟子たちに与えられる場面です。

弟子たちは、イエスさまがマグダラのマリアを通して「わたしの兄弟たちに、ガリラヤに行くよう告げ知らせなさい。そこでわたしに会える」（マタイ28・10）と言われた通り、ガリラヤへと赴きます。彼らはイエスさまが「ガリラヤのどこに行きなさい」と言われなかったにも関わらず、何の疑いもなく「山」に登っていきます。

この山はおそらく、イエスさまが公生活において弟子たちを従えて人びとに教えを説き、病み苦しむ人を癒やされた場所だったのでしょう。その「山」で弟子たちは、復活されたイエスさまと初めて再会するのです。

みことばには、弟子たちは「イエスを見て伏し拝んだ。しかし、疑う者もいた」と書かれています。弟子たちは、復活されたイエスさまと再会する喜びもあり、また、本当にあのイエスさまなのだろうかと疑ってもいたようです。この〝疑う〟という行為は極めて人間的なもので、私たちの中に根深く存在しています。頭では「イエスさまが現存しておられ、聖霊を通して常に私たちの中で働いておられる」ことを信じていても、心の底からそのことを確信できないという弱さを持っています。三位一体の神がそばにおられ、ともに働いてくださっていることを心底確信するためには、何か特別な「神体験」によって、信仰を確固たるものにした時なのではないでしょうか。

私たちは三位一体の神から実に多くの恵みを日々いただいていますが、そのことに普段中々気付くことができず、「たまたまこうなった。これは偶然だ」というように合理的な言い訳を探して素直に信じることができない、そんな時があるように思います。しかし、イエスさまが自ら近づいて来られて私たちに話しかける時、その「疑い」は信仰の確信へと変わっていくのです。そこに、イエスさまの【いつくしみと愛】があると言ってもよいでしょう。

「わたしには天においても地においても、すべての権能が与えられている」と、イエスさまは言われます。このみことばによって私たちは、イエスさまにすべてを委ねるという力をいただくことができるのです。たとえ私たちの行いが不完全であったとしても、「イエスさまが必ず何とかしてくださる」、「イエスさまに信頼してさえいれば、きっとうまくいく」と、全幅の信頼をもってすべてをイエスさまに委ねることができるように思います。さらにイエスさまは、「あなた方は行って、すべての国の人々を弟子にしなさい。父と子と聖霊の名に入れる洗礼を授け、わたしがあなた方に命じたことを、すべて守るように教えなさい」と弟子たちに命じます。

ところがともすると私たちは、「わたしがあなた方に命じたこと」という部分を忘れてしまって、イエスさまではなく「私の教え」となってしまう危険があります。私たちは罪深く弱い者で、そして不完全です。ですから、イエスさまの教えをすべて漏れなく伝えることができません。そうした【不完全な自分】というものを謙虚に認めて受け入れ、その欠落している部分を「私・私」で埋めるのではなく、「イエスさま」で埋めるように努めたいものです。イエスさまは、「聖霊があなた方の上に降るとき、あなた方は力を受けて、エルサレムと全ユダヤとサマリア、また地の果てに至るまで、わたしの証人となるであろう」（使徒1・8）と言われます。私たちはこの力に満ちたみことばに信頼して、聖霊の助けを心から謙虚に祈りましょう。

最後にイエスさまは弟子たちに、「わたしは代《よ》の終わりまで、いつもあなた方とともにいる」と約束されます。このことは、たとえ私たちがイエスさまから遠ざかっているいると思っていても、またイエスさまを忘れて自分を主張している時でも、落ち込んで悲しんでいる時も、さらにイエスさまのみ業《わざ》を疑っている時でさえも、イエスさまは「いつも一緒にいてくださる」ということなのだと思います。

この心強い約束の言葉を心に刻み、イエスさまからいただいた〝使命〟と〝命令〟

を信頼のうちに忠実に果たしていきたい、そのように思っています。

※注：病院（ホスピス）、軍隊、刑務所などでスピリチュアルケアや宗教的ケアを実践する宗教者のこと。ホスピスチャプレンは、がんの緩和ケア病棟で入所者の心のケアに携わる人。本来は一定のキリスト教信者の集団のため、霊的司牧を行う司祭や牧師などを指す。チャプレンの語源「カペラヌス」は、ラテン語で「礼拝堂」を意味するカペラに由来する。

「息を吹きかけられる」という種

聖霊降臨の主日（ヨハネ20・19～23）

誕生日のバースデーケーキに年齢の数だけろうそくを灯し、お祝いされる人がそのろうそくを吹き消していく、そんな習慣はいつ頃からあったのでしょうか。日本では戦後、外国から入って来たのではないかと思われます。

きょうの典礼は【聖霊降臨】、教会の誕生をお祝いする日です。みことばの中でイエスさまは、弟子たちに息を吹きかけられて聖霊をお与えになります。お誕生ケーキのろうそくに息を吹きかけることと、教会の誕生を祝う聖霊降臨で「息を吹きかける」ことを同じ扱いにするのは少し気が引けますが、でも【誕生】を祝うために「息を吹きかける」という共通の動作には何かおもしろい一致というものを感じています。

きょうのみことばは、イエスさまが復活されたその日の夕方の出来事です。ディディモと呼ばれるトマスを除いた弟子たちは、ユダヤ人たちを恐れて家のすべての戸に鍵をかけて集まっていました。弟子たちは、イエスさまが捕らえられ、十字架につけられて殺されたように、次はきっと自分たちの番ではないかと恐れていたのです。それと同時に、イエスさまがお墓から消えてしまったことも思い合わせて、「先生」を裏切ったことへの罪悪感もあったことでしょう。

そんな中、イエスさまが弟子たちの真ん中に立たれて「あなた方に平和があるように」と言われます。イエスさまは弟子たちに対して、「どうして私を裏切って逃げてしまったのか」といった非難がましいことはひとことも言われません。むしろ彼らに【平和】を願われるのです。

ご自分と再会した弟子たちが喜んでいる姿をご覧になったイエスさまは、再び「あなた方に平安があるように」と言われます。イスラエルでこのあいさつは、「シャローム（平安）」と言います。弟子たちは、イエスさまからの「シャローム」というあいさつを二度も聴くのでした。彼らは自分たちがイエスさまを裏切ったという罪悪感も忘れて、復活された主と再会した喜びに満たされていたのです。ここには、いくつか黙想の材料があるように思います。一つは、イエスさまが弟子たちの〝真ん中〟にお立ちになったということです。この時の弟子たちの姿を現代の私たちに当てはめるとしたら、それは【教会】と言ってもよいでしょう。

復活したイエスさまは教会の【真ん中】にお立ちになります。パウロは、「そして、すべてのものをその足元に従わせ、すべての上に立つ頭《かしら》として、キリストを教会にお与えになりました。教会はキリストの体です。このキリストこそ、教会のすべてのものが、すべてにおいて満たされていくもので満ちておられる方です」（エフェソ1・22～23）と記します。この他にもパウロの手紙には、「キリストが教会の頭《かしら》」という表現がたびたび登場します。このようにイエスさまは、【頭《かしら》】として、いつも教会の【真ん中】に立っておられるのです。もう一つ、私たちはミサの中で〝平和のあいさつ〟を交わします。たとえ、日常の生活ではいろいろなことがあったとしても、キリストを頭《かしら》とする教会ではすべての人が、イエスさまが弟子たちに言われたように、「シャローム」（平安）というあいさつに包まれるのです。何とすばらしいことでしょう。

イエスさまは弟子たちに「平安」を与えた後で、「父がわたしをお遣わしになったように、わたしもあなた方を遣わす」と言われます。イエスさまは御父からいただいたその権能を、私たちにも分け与えられるのです。

マタイ福音書にも復活されたイエスさまが、「わたしには天においても地においても、すべての権能が与えられている」（マタイ28・18）と、弟子たちを派遣する場面があります。ヨハネ福音書でもイエスさまは、弟子たちに御父の権能をお与えになっていきます。そしてその後で弟子たちに〝息を吹きかけ〟、聖霊をお与えになります。弟子たちは復活されたイエスさまと出会い、喜びと平安に満たされ、御父からの権能とともに聖霊もいただくのでした。

弟子たちにとってイエスさまが【復活された日】というのは、本当に忘れられない恵みの日となりました。今私たちは、日曜日ごとに【主日】として教会に集い、ミサにあずかっています。そのミサの中で私たちは、復活して真ん中に立っておられるイエスさまと出会った弟子たちのように「喜び」にあふれて、「主の平和」というあいさつを互いに交わし合い、司祭からの派遣の祝福とともに【聖霊】の賜物をいただくのです。

私たち一人ひとりがイエスさまから〝息を吹きかけ〟られて聖霊の賜物を受け、その喜びと力に満たされて、福音宣教に出かけていくのです。もう、ユダヤ人たちを恐れて戸に鍵をかけていたあの弱い弟子たちではなく、御父の権能と聖霊の恵みによって、私たちもキリストを頭《かしら》とする教会の重要な一員として、力強く一歩を踏み出していく弟子の一人なのです。

この大いなる恵みをいただいていることに心から感謝し、信仰生活を落ち着きと静かな自信を携えて歩んでいけたらと思います。

「ただ、信じる」という種

三位一体の主日（ヨハネ3・16～18）

きょうの典礼は、【三位一体の主日】です。先週の【聖霊降臨】を終えた後、教会は「年間の典礼」に入りました。その最初の日曜日がこの【三位一体の主日】です。ちなみに次の週は、【キリストの聖体】です。【聖霊降臨】を境に復活節は終わりを告げ、「年間の典礼」に入るのですが、信仰生活において重要な典礼を教会が二週続けて定めているというのは、とてもすばらしいことだと思います。

以前、ある司祭から三位一体について、こんな話を聞いたことがあります。聖アウグスティヌスが「三位一体」の神秘について、考えを思い巡らせていた時のことです。彼が海辺を歩いていると、砂浜に穴を掘って、海の水を全部その穴に入れようとしている子供がいたそうです。アウグスティヌスはその子供に笑いながら、「そんなことは到底無理だよ」と言いました。すると子供は、「あなたが三位一体の神秘を理解するより、海の水を全部この小さな穴に入れる方が簡単だよ」と答えたそうです。

アウグスティヌスは、その子の言葉にハッとしたそうです。きょうは、その【三位一体】のお祝い日です。私たちはきょう一日、どのような黙想ができるのでしょうか。

きょうのみことばは、ファリサイ派の議員のニコデモと、イエスさまとの問答の場面です。ニコデモはイエスさまのもとを昼間ではなく、夜に訪れるのです（ヨハネ3・1〜2）。彼はイエスさまに興味を抱いていましたが、他のファリサイ派の仲間たちの目を気にして、昼間会いに行くことができませんでした。イエスさまはこの時、ニコデモに短い言葉でもって「御父の深い愛」を伝えます。みことばは、「実に、神は独り子をお与えになるほど、この世を愛された。独り子を信じる者が一人も滅びることなく、永遠の命を得るためである」という言葉から始まっています。ヨハネ福音書の初めは、「み言葉はこの世にあった。この世はみ言葉によってできたが、この世はみ言葉を認めなかった。……しかし、み言葉を受け入れた者、その名を信じる者には、神の子となる資格を与えた」（ヨハネ1・10〜12）と記しています。父である神は、イエスさまを認めず拒んでいる世にもご自分の大切な独り子をお与えになるほど、私たちを愛しておられるのです。さらに御父は私たちを愛しているだけでなく、御子を信じる私たちが永遠の命を得ることができるようにと、ご自分の大切な御子までお遣わしになったのでした。

この一節を黙想するだけでも、私たちがどれほど御父に愛されているか分かる気がします。みことばの中には、「実に、神は独り子をお与えになるほど、この世を愛された」とあります（ヨハネ3・16）。この【お与えに】という【与える】は、ただ単にマリアさまを通して神の子が受肉されたというだけでなく、イエスさまの公生活、そのご受難と死、さらに復活されて私たちが生きているこの現代に至るまで、御父が御子であるイエスさまを私たちに【お与えに】なっておられるということです。

次に、御父が御子を遣わされた理由について、みことばは「この世を裁くためではなく、御子によって、この世が救われるためである」と述べます。エゼキエル書は、「悪人が犯した一切の罪から立ち返り、わたしの掟をことごとく守り、定めと義を行うなら、命を得る。死ぬことはない。……悪人が自らの歩みから立ち返って命を得ること、それをわたしは喜ぶのではないか」（エゼキエル18・21～23）と伝えています。御父は私たちが罪を悔やみ、彼に立ち返るとき、喜んで私たちを救ってくださいます。私たちが罪深く、決心してもすぐに心が揺らぎ、同じような罪を犯してしまう者であることを御父はよくご存知でした。それでも私たちを愛してくださり、滅びることのないよう心を砕き、救いの手を差し伸べ、永遠の命を与えてくださることを約束されたのです。

きょうの短いみことばの中には、「独り子を信じる者が」「御子を信じる者は」「信じない者は」「信じなかった」と、【信じる】という単語が四カ所も出てきます。ここには、「信じる者＝永遠の命＋裁かれない」と、「信じない＝裁かれる」という二つの方程式があるように思います。みことばは、「信じない者はすでに裁かれている。神の独り子の名を信じなかったからである」と記しています。この裁きとは、御父による裁きでもイエスさまからの裁きでもなく、自分で自らを裁いていると言えるのかもしれません。それは、罪を犯した犯さないに関わらず、イエスさまの存在を知っていながら、イエスさまを拒否し続けること。すなわち【信じない心】、【信じようとしない意志】ということではないかと私は思います。イエスさまの愛を受け入れられない人、それは寂しく悲しい心の人のことです。

きょうのみことばは、三位一体の神について考え、その神秘を理解しようとするのではなく、「ただ信じるだけでよい」と私たちに語りかけているように思います。御父の愛にひたすら信頼し、イエスさまを「ただ、信じる」ことができますように。

「永遠に生かされている」という種

キリストの聖体（ヨハネ6・51〜58）

私が一番最初にご聖体を拝領したのは、まだ初聖体を受ける前の四歳くらいの時でした。その辺の前後の詳しい事情は忘れたのですが、両親と一緒に聖体拝領の列に並び、なぜかご聖体をいただいたのです。今思うと、大人がいただいているご聖体というものに興味津々だったのでしょう。神父様もおそらく意識していなかったと思います。自然に私の口にご聖体を入れてくださったのです。その時の味は、おいしいという感じではなくて、とても不謹慎なのですが、なぜか牛乳ビンの蓋の味？がしたのを覚えています。私と同じように、ミサにあずかる子供たちはみな、大人がいただいているご聖体にきっと興味があるのではないでしょうか。

ある司祭から、こんな話を聞いたことがあります。一人の子供が母親に、「お母さん、ご聖体ってどんな味がするの？」と聞いたそうです。その母親は、「ただのパンの味よ」と答えました。別の子供が自分の母親に同じように、「お母さん、ご聖体ってどんな味がするの？」と聞きました。するとその母親は、「とっても甘くておいしいよ」と答えたそうです。「この二人の母親の答えからは、その母親たちがご聖体をどのような気持ちでいただいているかが大変よく表れています。みなさんは、どのような気持ちで聖体拝領をされていますか？」という話でした。【キリストの聖体】の祝日になると、なぜか私はこの司祭の話を思い出します。

きょうのみことばは、イエスさまが群衆に五つのパンと二匹の魚を食べさせ、満腹させたという奇跡の後の話です。群衆は「イエスさまと一緒にいれば、もう飢えることはない」とでも思ったのでしょうか、イエスさまの行かれる所にはどこでもついて来ました。そんな彼らに対してイエスさまは、「わたしは天から降ってきた、生けるパンである。このパンを食べる人は永遠に生きる。しかも、わたしが与えるパンは、この世に命を与えるためのわたしの肉である」と言われます。

モーセが主である神さまに頼んで天から「マナ」を降らせていただいたように、イエスさまはご自身がその「生きたパンである」と言われます。さらに「わたしが与えるパンは、この世に命を与えるためのわたしの肉である」とまで言われるのです。群衆はイエスさまのこの言葉を聞いて困惑し、議論した後でイエスさまから離れていきます。彼らはイエスさまの言葉を理解することができなかったのです。続けてイエスさまは、「わたしの肉を食べ、わたしの血を飲む人は永遠の命を得、わたしはその人を終わりの日に復活させる」と言われます。私たちもお肉は食べますが、「血を飲む」というのは、あまり気持ちのよいものではありません。ましてやユダヤ人たちは律法で「血を飲む」ことを固く禁じられていました。そのため、ますます群衆はイエスさまが言われたことを理解できず、離れ去っていったのです。私たちには、イエスさまが「ご自分の肉を食べる」「ご自分の血を飲む」と言われたのは、「最後の晩餐」の席で弟子たちにお与えになったご聖体のことだ、というのが分かります。

パウロは手紙の中で、「わたしたちが神を賛美する際の『賛美の杯』は、キリストの血を飲んで一致することではありませんか。わたしたちが裂くパンは、キリストの体を食べて一致することではありませんか」（一コリント10・16）と諭《さと》しています。ここでパウロが「キリストの血を飲む」と、はっきりと言っていることに注意をしたいと思います。パウロはユダヤ人として高い教育を受けていましたので、律法を知らないはずはなかったのです。それをあえて「キリストの血を飲む」と言い切っているのは、最後の晩餐でイエスさまが遺言として弟子たちに告げられた【聖体】をいただくことのすばらしさを人びとに強調したかったからではないかと思うのです。パウロは『賛美の杯』からキリストの血を飲み、キリストの体を食べて一致すること」と強く語っていて、その原因が何かは分かりませんが、もしかしたら当時コリントの教会の中で聖体の理解に関して分裂が生じていたのかもしれません。そのためにパウロはこの書簡の中において、二度も「一致」という言葉を用いています。信仰によって一つに集い、ともにご聖体をいただくことによって私たちは、教会共同体の一員として「キリストの体になる」と言ってもよいでしょう。

「わたしが父によって生きているように、わたしを食べる人もわたしによって生きる」とイエスさまは言われます。食事は、人が生きるための活力を得る上で必要不可欠なものです。それは、食べた食物が血となり筋肉となり、脂肪となって私たちの体全体を生かすからです。同じように私たちにとって【聖体】とは、イエスさまとともに生きる上において、必要不可欠なものなのです。イエスさまはご聖体という食べ物を通して、私たちの体の隅々に栄養を与えてくださっておられるのです。ご聖体を拝領することによって私たちはイエスさまの体をいただくと同時に、三位一体の神をいただくのだと言ってもよいと思います。ご聖体を通して私たちがイエスさまと「一緒に生きている」ということに、あらためて感謝をささげたいと思います。

「ことばの力」という種

聖ペトロ　聖パウロ使徒（マタイ16・13〜19）

〝言霊《ことだま》〟という言葉があります。その意味は、「ことばに宿る霊的な力のこと」として使われているようです。人が口に出した言葉が現実の行いや結果に何らかの影響を及ぼすとされ、良い言葉を口にしていると良い影響が表れ、反対に悪い言葉を口にすると悪い影響が表れる、という意味でも使われています。この〝言霊〟の力を信じるかどうかは別として、心に留めておいてよいことかもしれません。もう一つ、「言葉と行い」を表す言葉に〝不言実行〟という四字熟語があります。最近では、〝有言実行〟という言葉もあるようです。何も言わずに黙って行う「不言実行」に対して、あえて口に出して言うことで自分自身を鼓舞し、退路を断って実行に移す、という意味で使われています。

〝言霊《ことだま》〟にしても〝有言実行〟にしても、私たちが口に出す言葉には何かしらの力があり、そしてそれについての責任もまたあるということではないでしょうか。

きょうの典礼は、【聖ペトロ　聖パウロ使徒】のお祝い日です。福音書では、イエスさまがペトロに教会の鍵を渡される場面が朗読されます。また書簡は、捕らえられていたペトロが天使から助けられる場面、パウロが自分の死を見つめて書き送った手紙が朗読されます。この日のみことばを通して私たちは、教会の礎を築いた二人の偉大な使徒の信仰を黙想する良い機会をいただくことができます。

みことばでイエスさまは弟子たちに、「人々は、人の子を何者だと言っているか」とお尋ねになります。彼らは、人びとがイエスさまについて言っていることを伝えます。弟子たちの答えをお聞きになったイエスさまは、あらためて彼らにお尋ねになります。「それでは、あなた方は、わたしを何者だと言うのか」と。

最初にイエスさまは「人々がご自分のことを何者だと言うのか」と質問され、次に今度は弟子たちに向かって、「それでは、あなた方は、わたしを何者だと言うのか」とお尋ねになるのです。なぜイエスさまは同じ問いを弟子たちにもなさったのでしょうか。私は、イエスさまは「周りの人の言葉に惑わされず、『あなた方は』この私のことをどう思っているのか」と、弟子たちに確認されたのではないかと思います。

そしてこのイエスさまの問いは、今日、私たち一人ひとりに対して向けられた質問でもあると言ってよいでしょう。「○○さん、あなたは私のことを何者だと思っているのですか?」と。「あなた」の箇所に、ご自分の名前を入れてみると、もっとみことばが身近に響いて来るかもしれません。さらにこの箇所は、私たちの信仰のありようを見つめ直すという良い機会となるように思います。私たちにとってイエスさまは、どのようなお方なのでしょう。厳しい方、やさしい方、どんな時でもともにいてくださる方、行くべき道を示してくださる方……。

私たちには、自分の頭の中のイメージに合わせてイエスさまを思い描くという傾きがあります。ペトロは「あなたは生ける神の子、メシアです」と答えています。このペトロの答えにイエスさまは、「シモン・バルヨナ、あなたは幸いである。あなたにこのことを示したのは人間ではなく、天におられるわたしの父である」と最大級の賛辞を贈られます。ペトロの信仰告白、それは彼の考えではなく、まさに御父によってもたらされたものでした。考えてみると、これはとても不思議なことです。御父は直接にではなく、あえて人の口を介してご自分のみ旨を人びとにお示しになるのです。こうしたことは私たちの身の周りにおいても時々、起こるのではないでしょうか。自分ではまったく意識していないような言葉が、相手や周りの人にとても大きな影響を与えるひとことになることがあります。もしかしたらそれは、御父が言わせていることなのかもしれません。

パウロはその書簡で、「わたしは善い戦いを戦い、走るべき道程《みちのり》を走り終え、信仰を守り抜きました。この後《のち》、わたしのために用意されているのは、義の冠だけです」（二テモテ4・7）と記します。この言葉は、脆《もろ》くて弱い私たちからすると、「よくここまで言えるなあ。でも確かにここまで言えるような人生を歩むことができたなら、どんなにすばらしいだろう」と思わせるものです。しかし、彼はその次に、「わたしばかりではなく、主の現れを心から待ち望む人には、誰にでもこれを授けてくださいます」（二テモテ4・8）と続けています。

私たちの信仰において、キリストの〝復活〟を心の底から信じている人は、パウロと同じように【義の冠】を得て、神の国に入ることができるのだとパウロは断言しているのです。これは、イエスさまがペトロに言われた「あなたに天の国の鍵を授ける」というみことばと共通していないでしょうか。信仰生活を続ける中で、私たちが自分の言葉で信仰を表明し、キリストの復活を心から信じる時、私たちはペトロの〝鍵〟によって天の国へと【解かれる】恵みをいただくのでしょう。

きょうのみことばを通して、私たちが自分の思い込みから解放され、他者を介してもたらされる御父のみことばに素直に耳を傾け、それを周囲の人びとに伝えていける、そんな恵みを祈り求めたいものです。

「イエスさまの軛《くびき》をいただく」という種

年間第14主日(マタイ11・25〜35)

「コツ」という言葉があります。例えば「料理をおいしくするコツ」とか、「○○を覚えるコツをつかむ」という時などに使う、あの「コツ」です。

元々は「骨《こつ》」から来た言葉で、骨は体の中心にあって、体全体を支える大切な役割を果たしていることから、人間の本質や素質の意味を表す言葉なのだそうです。私たちも日常生活でこの「コツ」と「基礎」「基本」をうまく用いながら、さまざまな活動をしているのではないでしょうか。

私は最近、包丁を研ぐことに目覚め、自分用の「My(マイ)砥石」を購入しました。それまでは先輩のブラザー(修道士)が修道院の台所の包丁を研いでくださっていました。そこで私は彼に「一緒に包丁を研がせてください」とお願いして、月に一度、包丁研ぎをさせてもらっています。この「包丁研ぎ」一つにも、「基本」と「コツ」があります。この二つを上手《うま》く使うことによって、体の余分な力を抜き、スムーズに作業を進めることができるのです。

さて、きょうのみことばは、「労苦し、重荷を負っている者はみな、わたしのもとに来なさい。休ませてあげよう」と、イエスさまが言われる箇所です。

このみことばの前にイエスさまは、御父に向かって賛美の祈りを唱えられ、その〝み心〟を人びとに教えてくださっています。御父の〝み心〟とは、ご自分の最愛の子であるイエスさまを、この世に遣わされたということでした。

イエスさまは御父に、「あなたは、これらのことを知恵ある者や賢い者に隠し、小さい者に現してくださいました」と言われます。この「知恵ある者や賢い者」とは、当時のファリサイ派や律法学者たちのことを指しているようです。彼らはイエスさまをメシアとは認めず、イエスさまの説く教えやその行いをことごとく否定していました。そんな彼らの傲慢な姿をイエスさまは指摘されますが、彼らはそれを受け入れませんでした。逆に、徴税人や病気の人といった、当時の社会からは罪びとのレッテルを貼られていた人たちがイエスさまを慕ってそのもとに来るようになっていました。イエスさまが「小さい者」と言われたこうした人たちは、イエスさまを頼らないではもう生きることができないと分かっていた人たちでした。

私たちは時々、「自分の力だけで何とかしよう」と気負ってしまう傾向がありま す。確かに、自分の力で物事を行うことは大切なことです。しかし、あまりにも自分を過信しすぎると空回りをし、うまく運ばない場合があります。物事を上手く進めるためには、「自分の力で行う強さ」と「謙遜という柔軟さ」という、この二つのバランスを上手く保つことが大切なように思います。

イエスさまは「父のほかに子を知る者はなく、子と、子が現そうと望む者のほかに、父を知る者はいません」と言われます。これは、イエスさまのもとに集まってきた「小さい者」たちのことを指していると同時に、その「小さい者」の中には、洗礼の恵みをいただいた私たちも含まれていると言えるでしょう。

パウロは、「わたしが福音を宣べ伝えても、誇りにはなりません。そうしないではいられないからです」（一コリント9・16）と手紙の中で述べています。このパウロのように私たちも、イエスさまが御父を人びとに示されたように、「御父を知らせる」という重大な使命をいただいているのです。

「労苦し、重荷を負っている者はみな、わたしのもとに来なさい。休ませてあげよう」とイエスさまは言われます。〝労苦〟と〝重荷〟、それは、私たちが御父を人びとに知らせるという使命を果たす時に起こる「甘美な疲れ」だと言ってもよいでしょう。そしてイエスさまは、御父を知らせようと労苦する私たちの疲れを癒やしてくださるために、ご自分のもとに私たちを招き寄せ、休ませてくださるのです。

「わたしの軛《くびき》を受け入れ、わたしに学びなさい。そうすれば、あなた方は魂の安らぎを見出す」と言われるイエスさま。そのイエスさまのもとで私たちは十分に休息し、新たな力を得て、再び前へと進むことができるようになるのです。

イエスさまは私たちだけに重荷を担がせようとはされません。私たちがその軛《くびき》を進んで受け入れるとき、イエスさまはご自分も一緒になってその荷を担ってくださる方なのです。私たちが自分の力だけで〝重荷〟を担おうと思っている限り、その荷は重いままです。しかし私たちがイエスさまに頼ってその軛を担う時、イエスさまはその〝重荷〟を〝軽い荷物〟へと変えてくださるのです。現実には、私たちの〝重荷〟が無くなるということはありません。しかし「あなた方は魂の安らぎを見出す」とイエスさまが言われるように、私たちはイエスさまの軛をいただき、イエスさまにお委ねすることで、たとえそれが重荷であったとしても、「魂の安らぎ」を得ることができるのです。

日々の生活の中で私たちは、病気、仕事上のストレス、人間関係、不安や怒り、一生懸命やっているのに報われないことへの苦しさや悲しさなど、さまざまな重荷を抱えて生きています。こうした〝重荷〟から解放されて「魂の安らぎ」を得るために、私たちはイエスさまの与えてくださる軛《くびき》をいただきたいものです。「魂の安らぎ」のためにイエスさまがお与えになる軛を受け入れること、これも冒頭にご紹介した一つの「コツ」と言ってよいかもしれません。

「良い心の土壌を作る」という種

年間第15主日（マタイ13・1〜23）

田畑を作るには、まず土壌作りから始めなくてはなりません。土壌作りは藪《やぶ》や葛《つた》、また他の木々が生い茂っているならそれを伐採し、根をきれいに取り除きます。次に土を耕し、そこに肥料や石灰を蒔《ま》き、畝《うね》を作っていきます。これらをすべて行った上で、ようやく整った土壌に種や苗を等間隔で蒔いたり植えたりしていくのです。

しかし、それだけでは作物は成長しません。水や肥料を与えるのは当たり前ですが、作物の種類によってはビニールを張り、支柱やネットを準備しなければならない場合もあります。このように、作物を作るためには良い土壌作りをした後でも、植えた苗や種から良い実を実らせるためにさまざまな作業をしなければならないのです。

きょうのみことばは、『種まきの喩《たと》え話』の場面です。みことばは、「その日、イエスは家を出て、湖のほとりに座っておられた。大勢の群衆が周囲に集まってきたので、イエスは舟に乗って腰を下ろされた」という言葉で始まっています。

イスラエルの気候は暑いので、イエスさまは朝の早い涼しいうちにガリラヤ湖のほとりに出かけられたのでしょう。そのような時に、群衆がイエスさまの周りに集まってきたのです。イエスさまは舟に乗って、彼らと少し離れた所から話し始めます。

みことばの中に「舟に座って」とありますが、この「座って話される」というのは、当時のラビ（ユダヤ教の教師）が教えを説くときのスタイルでした。こうしてイエスさまは、『種まきの喩え話』を群衆に話し始められます。この話には、「道端」「岩地」「茨《いばら》の中」「善い地」と四つの違った土地に種が蒔かれた様子が紹介されます。ずいぶん日本とは違う種の蒔き方をするものですね。

当時のパレスチナ地方における種蒔きの仕方は、土壌を作ってからではなく、初めに種を蒔き、その後で土を耕していたようです。「道端」というのは、私たちが思い浮かべる道路の端のことではなく、農閑期の畑の上を人が通路として普通に歩いていた場所のことです。そのためその場所は、人の往来によって土が固く踏み締まっていて、種を蒔いてもその種が土の中に入ることができなかったのです。イエスさまはこの「道端」に蒔かれた種のことを、「誰でもみ国の言葉を聞いても悟らなければ、悪い者が来て、その人の心に蒔かれたものを奪ってしまう」と言われます。

例えば、当時のファリサイ派や律法学者のような人びとは、イエスさまの教えより、自分たちが代々受け継いできた教えの方を頑《かたく》なに守っていました。そのため彼らの心の中に、イエスさまの言葉は入っていくことができなかったのです。こうした彼らの姿勢は、イエスさまの教えなど知らなくても自分で何でもできる、またその生き方は、自分の生活や暮らしとは何の関係もない別次元のものだと思って生きている現代の人びとの姿と重なり合うものがあるかも知れません。

イエスさまはこの「種蒔き」の喩えを用いて、「天の国の神秘」を人びとに説いていたのでした。御父は一見無駄に見えるような「道端」や「岩場」、「茨《いばら》の中」のような心を持った人の中にもイエスさまを遣わされたのです。イザヤ書は「まことに、天から雨や雪が降れば、地を潤し、これに生えさせ、芽を出させ、種蒔く者に種を、食べる者に糧を与えずに天に戻ることはないように、わたしの口から出る言葉は、わたしが望むことを行い、わたしが託した使命を成し遂げずにむなしくわたしにもどることはない」（イザヤ55・10〜11）と語ります。ここには、御父の隔てのない無限の〝いつくしみと愛〟が示されています。

では御父から蒔かれた種であるイエスさま、そしてイエスさまを通して〝みことば〟という種をいただいた私たちは、どうしなければならないのでしょうか。パウロは「現在の苦しみは、将来、わたしたちに現されるはずの栄光と比べると、取るに足りないとわたしは思います」（ローマ8・18）と述べます。私たちがイエスさまの教えを受け入れ、その教えを守って生きる時、数多くの困難や苦しみに遭遇します。パウロが宣教した時代、ローマ帝国は地中海地方の政治や文化の中心でした。人びとは飽くなき富や知識の追求、娯楽や欲望、芸術、学問を求めていました。そしてそれらは、パウロの伝えようとしたイエスさまの教えとは相容れないものでした。そうした中で生きるキリスト者にとって、困難は絶えなかったことでしょう。そんな彼らの苦しみをよく知った上でなおパウロは、「天の国」に入るためには「それらの苦しみも取るに足らない」ことだと教えているのです。

きょうのみことばは、それぞれの場所に〝蒔かれた種〟について教えています。けれども本当は〝それぞれの場所〟のことではなく、私たちの心の状態についての教えなのではないでしょうか。私たちの心に〝蒔かれた福音の種〟をどのように発芽させ、成長させ、実らせていくことができるのか。それをイエスさまは私たちに教えてくださっているような気がします。

自分の心を良い土壌にするためには、絶えず祈り、秘跡をいただき、犠牲をささげ、倦むことなく善行を行い、日々の生活を神のみ旨に沿って忠実に生きていく必要があるのではないでしょうか。脆《もろ》くて弱い私たちの心は、いつでも善い状態にあるとはかぎりません。しかしイエスさまが直接私の心に〝蒔いてくださった種〟を、少しでも実らせることができるようにとその恵みを謙虚に祈り、努力していきたいものです。

「耳のある者は聞きなさい」という種
年間第16主日（マタイ13・24〜43）

他人の欠点はよく見えますが、自分の欠点というのはなかなか見えづらいものです。福音書にも「兄弟の目にあるおが屑《くず》は見えるのに、なぜ自分の目にある丸太に気づかないのか」（マタイ7・3）とあるように、私たちは誰もが心の中に、こうした傾向を持っているように思います。とくに自分の意見や考えと違う人に対する接し方、自分より弱い立場の人に対して「何とかしてあげたい」とか、社会のさまざまな不正や悪に対して「何か行動しなければ」という気持ちの強い人ほど、こうした傾きが強いような気がします。「傾き」、それ自体は何も悪いものではありません。しかし、その行いが他人のためなのか、それとも自分の満足や虚栄心からのものなのかどうかを、しっかり見つめてみることは大切なことかも知れません。

きょうのみことばは、『毒麦の喩《たと》え』の箇所です。イエスさまはまず、「天の国は次のように喩えられる」という言葉で教え始められます。その「天の国」とは、どのようなものなのでしょう。

種を蒔く人は、畑に善い麦を蒔きますが、人びとが眠っている間に敵が来て、麦畑の中に毒麦を蒔《ま》いて立ち去ります。イエスさまは私たちの中に善い麦しかお与えになっていません。しかし「眠っている間」に「敵」が来て、毒麦を蒔いていくのです。この「眠っている間」というのは、私たちが「気付かないうちに」と言い換えてよいかもしれません。「敵」は、私たちが気付かないうちに密かに忍び込み、私たちを悪へと誘《いざな》っているのかもしれません。

僕《しもべ》たちは、畑に毒麦が混じっていることを主人に伝えます。主人は、「それは敵意を持つ者の仕業だ」と答えます。すると僕たちは「それでは、行って毒麦を抜き集めましょうか」と尋ねます。この僕たちの言葉は、私たちの中にある「人を裁く」気持ち、弱い人に対して「自分が何とかしてあげなければ」という気持ちに通じるものがあるような気がします。僕たちのこの考えは、決して悪いことではありません。しかし主人は、彼らの「毒麦を抜かなければ」というはやる心の中に傲慢さを見てとったのでしょう。ここには、敵意を持つ者が眠っている間に畑に毒麦を蒔いたように、たとえ善意であっても、「気が付かないうちに」いつしか自分も毒麦になってしまっているという巧妙な落とし穴が隠されているような気がします。

主人であるイエスさまはそうした僕たちの気持ちに対して、「それには及ばない。毒麦を抜こうとして、善い麦までも抜いてしまうかもしれない。刈り入れまで、両方とも育つままにしておきなさい」と言われます。これは一見すると、イエスさまが毒麦を抜いてあげようとする人の善意の行いを制止しているように見えます。しかしイエスさまのお考えは善と悪を区別するのではなく、善と悪とが共存しているこの世の現実を伝えているように思います。

「知恵の書」には、「……またあなたは、罪を悔い改める恵みが与えられる希望を、あなたの子らに抱かせた。あなたの子らの敵で、死に値する人々を、あなたはこれほどの配慮と慎重さをもって罰し、悪を改める機会と時とを彼らにお与えになった」（知恵12・19〜20）と書かれています。「今は悪い考えに支配されている人であっても、将来、善い考え、善い人に変わるかもしれない」という忍耐と慈愛、そして寛容な心をイエスさまは示してくださっています。そしてその「裁き」を人ではなく、最終的に御父のみ手に委ねておられるのではないでしょうか。

きょうのみ言葉に出てくる喩え話に共通しているもの。それは麦の種、芥子種《からしだね》、そしてパン種という、いずれもとても小さな種です。しかし天の国ではこの「小さな種」こそが、最も大切なのだということを教えてくれています。私たちの中に蒔かれたその小さな小さな種は、三位一体の神の恵みによって大きく成長し、たわわに実をつけていきます。では、私たちはその実を大きく成長させるためにどのようなことに注意すればよいのでしょう。

パウロは「同じように、霊もわたしたちの弱さを助けてくださいます」（ローマ8・26）と記します。「私は、ちっぽけな種でしかない」という謙虚な心で神の憐れみを願うとき、私たちは聖霊の助けをいただいて「大きな実」をつけることができるのです。このみことばの最後にイエスさまは、「耳のある者は聞きなさい」と言われます。この言葉は、私たちが何か事を行う時には三位一体の神の声に注意深く耳を傾けることの大切さを教えている気がします。

毒麦の喩えに隠された「悪との共存」という神秘を理解することで、人や出来事を人間的な思いですぐに判断して行動するのではなく、時には長い忍耐と寛容さを持って悪人が回心することを待つという姿勢の大切さ。そして私たちが大きな実を結ぶためには、「自分は最も小さく、弱い種である」ということを素直に自覚し、三位一体の神の助けを心から求めること。そしてこの二つの歩みを両輪として支えるもの、それが「耳のある者は聞きなさい」というみことばなのではないでしょうか。

三位一体の神の声を【聴く】ことによって私たちは、忍耐を持って待つことも、「小さな種」にすぎない自分を大きく成長させていくこともできるようになるのです。

きょうのみことばを通して、そのみ声を聴くことができますように祈り、願いながら歩んでいきたいと思います。

「いいとこめがね」という種

年間第17主日（マタイ13・44〜52）

みなさん、『いいとこめがね』という言葉をご存知ですか。これはある公益社団法人のCMなのですが、〝人の良いところを探す〟というコマーシャルの言葉です。人は誰でも、何かしら良いところ、良いものを持っています。それを努力して見つけましょう、ということなのです。それと同じように、人を成長させたいときは、その人の良いところを指摘して「褒《ほ》めていく」という方法があります。私たちは人の欠点はよく見えますが、長所を探すことにはあまり慣れていません。まず、自分の先入観や感情というものは少し脇に置いておいて、その人のありのままの姿を見ようと努力をしないと、その人の「いいとこ」は決して見えてきません。

きょうのみことばは、【天の国】についての喩《たと》え話です。ここで示されている【天の国】とは、亡くなってから行く【天国】ではなく、私たちが現実に今生きているこの世界の中にある「愛と平和」、そして「喜びの状態」を示しているように思います。

最初にイエスさまは「天の国は畑に隠された宝に似ている」と言われます。「なぜ、畑に宝があるの？」と疑問に思われる人がいるかも知れません。普通に考えれば、畑には野菜や穀物が植わっているはずです。しかし、みことばは【宝】と言っています。パレスチナでは、戦争が起こって人びとが避難しなければならなくなると、財産を持って逃げるのではなく、自分の土地に埋めて避難をしたそうです。宝を埋めた持ち主が故郷に帰ることができなくなると、その土地は何年か後には更地となり、別の人の畑になってしまうのです。

畑で宝を見つけた人は、その宝を隠したまま「自分の持ち物をことごとく売り払い、その畑を買」います。その人は一見無駄に思われますが、畑全体を丸ごと買います。しかも、自分の財産をすべて売り払ってまで買うのです。何がこの人をここまで動かしたのでしょうか。次の『高価な真珠を見つけた商人』の喩えでも、自分の持ち物をことごとく売りに行き、それ（真珠）を買っています。この二人に共通するのは、〝宝〟や〝高価な真珠〟を発見すると、【自分の持ち物をことごとく売り払った】ということです。畑で宝を見つけた人は、「喜びのあまり」とあります。たぶん、高価な真珠を探していた商人も同じように喜んだことでしょう。この二人は、それぞれ自分が望んでいたものを見出し、喜びのあまり、自分の全財産をすべて売り払ってでも代え難いものを得ようとしたのです。

教皇ヨハネ・パウロ二世の使徒的勧告『奉献生活』（カトリック中央協議会）には、「奉献された人々は、とりわけ神に招かれ、神によって選ばれたという自覚をたえず深めることによって宣教者となります。それゆえ彼らは、神への完全なこたえを妨げる障害から自分自身を解放して、自らの存在と持っているもののすべてを神に向け、神にささげなければなりません」（25「世界におけるキリストの証人」）と書かれてあります。「神への完全なこたえを妨げる障害から自分自身を解放して、自らの存在と持っているもののすべてを神に向け、神にささげなければなりません」ということと、【自分の持ち物をことごとく売る】ということには、何かしら共通するものがあるように思います。

次にイエスさまが話された『網の中の魚』の喩えは、漁師が魚でいっぱいになった網の中から、「善いものと悪いものとを選び分ける」というものです。この喩えは、前の二つの喩えと違って、【自分の持ち物をことごとく売る】ことはしていません。しかし前の二つと共通するもの、すなわち【探し出す目】というものがあるように思います。
人びとが探し求めていた〝宝〟や〝真珠〟、〝善い魚〟とは、イエス・キリストのことであり、福音だと言ってよいでしょう。畑の中に隠された〝宝〟を「探し出す目」は、たくさんある真珠の中からさらに〝高価な真珠〟を「探し出す目」であり、さまざまな魚が入った網の中から善いものと悪いものとを「見分ける目」です。この「目」を用いて【福音（イエス・キリスト）】を探し出すことの大切さを、きょうのみことばは伝えています。

イエスさまは、「天の国について学んだ学者はみな、新しいものと古いものを、自分の倉から取り出す、一家の主人に似ている」と言われます。この箇所に登場する【学者】とは弟子たちのことを、【一家の主人】はイエスさまを表しているようです。ここで注目したいのは、「学者は一家の主人と似ている」という箇所です。イエスさまが畑・真珠・網の中から高価なものを選り分けるという仕事は、弟子たちに受け継がれ、さらに弟子たちを通して教会に、そして教会から私たちへと受け継がれているのです。

私たちが生きているこの世界は、善いものと悪いものが混在し、その見分けはますます困難になってきています。イエスさまが弟子たちにお示しになった善いものを【見分ける目】を持つことができるよう熱心に祈り、それを見つけたなら、自分の持ち物をことごとく売り払ってでも得るという果断《かだん》な心、さらに「いいとこめがね」をかけて善と悪を正しく識別し、自分の周りに「埋まって」おられる宝であるイエスさまを見つけ出したいものですね。

「要《かなめ》につながる中骨《なかぼね》」という種

年間第18主日（マタイ14・13〜21）

夏の暑い時期、カバンに扇子を一本入れておくと涼をとるのにとても便利ですし、ちょっとおしゃれな感じもします。扇子は「扇面《せんめん》」（紙や布が張ってある部分）と「親骨《おやぼね》」（一番外にある両側の枠）、そして一本一本の「中骨《なかぼね》」があり、親骨を含むそれらすべての骨を「要《かなめ》」で束ねて作られています。

この扇子を信仰生活に置き換えてみますと、面白い発見ができるように思います。要《かなめ》はイエスさま、〝中骨〟は私たち、親骨は教会、そして扇子を扇ぐ手は御父です。私たちは教会に支えられ、要《かなめ》であるイエスさまとつながっています。御父は扇子を動かすことで風（聖霊）を起こします。御父が速く扇子を動かすと私たちも忙しく動くことになり、その分、聖霊の働きも強くなっていきます。そして何よりも大切なのは、私たちの一人ひとりが要《かなめ》であるイエスさまにしっかりとつながっているということです。

きょうのみことばは、イエスさまが群衆に五つのパンと二匹の魚を分け与えるという箇所です。「洗礼者ヨハネが殺された」という知らせを聞いたイエスさまは、何か思うところがあったのでしょう。弟子たちと舟で人里離れた所に向かわれます。この「人里離れたところ」というのは、日常生活から離れた所という意味で使われています。そんな一行を見た群衆は、陸路を先回りしてイエスさまたちが到着するのを待っていました。群衆は身体的・精神的な病気、家族や仕事のことなど、実にさまざまな問題を抱えていました。そして彼らは、自分たちの抱えている問題を解決してくれる方は、イエスさまをおいて他にはないということをよく知っていたのです。そんな彼らの様子をご覧になったイエスさまは、憐れみで胸が張り裂けそうになり、彼らの苦しみを癒やして教えを説かれます。

やがて日が傾いてきたことに気付いた弟子たちはイエスさまに、「群衆を解散させてください。そうすれば、あちこちの村に行って、めいめいが食べ物を買うことができます」と伝えます。弟子たちは、あまりにも多い群衆に対して自分たちの持っている食べ物では到底まかなうことは不可能だと考えたのです。あるいは、群衆の中には貧しくてパンを買うお金のない人がいることに考えが及ばなかったのかもしれません。私たちの中にも、自分の思いや常識だけで物事を判断してしまう傾向はないでしょうか。弟子たちのこの〝助言〟に対してイエスさまは、「その必要はない。あなた方が、彼らに食べ物を与えなさい」と言われます。こうしてイエスさまは目の前の差し迫った問題を弟子たちに託されます。

しかし弟子たちには、何とかしようと思っても何もできないという自分たちの限界を思い知らされます。彼らには、「ここには、五つのパンと二匹の魚しか持ち合わせていません」と言うのが精いっぱいだったのです。弟子たちはこのおびただしい数の群衆に、自分たちの持っているわずかな食べ物ではまかなうことができないことをよく知っていました。そしてこれは、私たちにも当てはまるかもしれません。時に私たちはこの弟子たちのように、「なす術《すべ》がない」と思われるような問題に直面して無力感や絶望感を感じることがあります。

そんな私たちの持っている限界や困難、絶望に対してイエスさまは、「それをわたしの所に持って来なさい」と言われるのです。そうです、私たちはただ自分の問題をイエスさまの所に持っていくだけでいいのです。イエスさまはそうした問題を受け取り、「天を仰いで賛美をささげ」、再びそれを私たちにお戻しになります（託されます）。私たちは、弟子たちが人びとにパンと魚を分け与えたように、自分に戻されたその問題と、ただ誠実に取り組むだけでよいのです。イエスさまから私たちに戻された難問や悩み、それはあの五つのパンと二匹の魚のように、見た目は何一つ変わっていません。しかし、その中身は劇的に変えられているのです。パウロは、「誰がわたしたちをキリストの愛から引き離すことができましょう。災いか、苦しみか、迫害か、飢えか、裸か、危険か、剣か」（ローマ8・35）と書き記します。彼の指摘するさまざまな困難は、私たちにとっては十分すぎるほど大きな問題です。しかしそれさえもパウロは、「イエスさまと私たちを引き離すこれらの障壁は、何の問題にもならない」と言い切ります。イエスさまが私たちを愛され、無条件に受け入れてくださっていることを信じ、信頼のうちに自分に戻されたものを人びとに配ればそれでよいのだと思います。〝多くの限界を抱えた存在〟である私たちが頼るべきお方は、イエスさまただお一人なのだという謙虚な心と、弟子たちのように自分の問題を信頼をもってイエスさまにささげることの大切さを、きょうのみことばは教えてくれています。

　私たちはイエスさまにつながった小さくて細い、扇子の〝中骨《なかぼね》〟にすぎません。しかしこの〝中骨〟は、御父のみ手によって力強い風（聖霊）を巻き起こすこともできるのです。弱い私たちを介して、大いなる業《わざ》を成し遂げられる神の力と神秘に思いを巡らせる、そんな黙想のできるきょうのみことばです。

「イエスさまを見つめる」という種
年間第19主日（マタイ14・22～32）

私たちはどのような場所で、どのような時に祈るのでしょう。小教区の教会や修道院の聖堂で、教会の敷地にあるマリアさまやヨセフさまのご像の前で、自分の家や自室の家庭祭壇の前で、また通勤や通学の途中で祈りをされる方もおられると思います。共同で祈る時と個人で祈る時、人数によっても祈る場所は違ってくるのかもしれません。では、どのような時に祈るのでしょうか。「困った時の神頼み」という言葉がありますが、何か差し迫った急を要する時に祈る方、誰かのための意向（目的）を持って祈る方もおられるでしょう。いずれにしても祈りとは、「三位一体の神との対話」だと言ってよいでしょう。

きょうのみことばは、イエスさまが群衆に『五つのパンと二匹の魚』を食べさせて満腹させた奇跡の後の出来事です。イエスさまはまず、弟子たちを強いて舟に乗せ、向こう岸へと向かわれます。弟子たちはイエスさまがなぜ、〝強いて〟自分たちだけを舟に乗せたのかその理由が分からず、不安に駆られたことでしょう。

次にイエスさまは群衆を解散させて、ご自分は祈るために一人、山に登られます。聖書の中で山は、日常生活と離れた神聖な場所とされていました。例えば、シナイ山でモーセと主である神との出会いの場面（出エジプト3章以下）や、預言者エリヤが神である主と出会うためにホレブ山に登る場面（列王記上19・9〜18）など、山は神がおられる聖なる場所として表されています。

前述の箇所でイエスさまは、洗礼者ヨハネが殺害されたことをお聞きになり、ご自分と弟子たちだけで人里離れた所へ行かれたのです。イエスさまは最初から祈るために人里離れた場所に行くつもりでしたが、集まった群衆を見て憐れに思われ、御父に祈りをささげる前にまず群衆を癒やされたのです。イエスさまはお疲れになっていたのかもしれません。それでも弟子たちや群衆を去らせた後に、一人だけで御父との祈りの時をつくられたのでした。それほどイエスさまにとって、「祈りの時」は大切だったのです。私たちはこの箇所からまず、〝祈りの環境〟を整えるということの大切さを学べるような気がします。

さて、かなりの時間を費やして祈られたイエスさまは、夜明け近くに湖の上を歩いて弟子たちが乗っている舟に向かわれます。その時、弟子たちを乗せた舟は湖の中ほどで、向かい風を受けて波に悩まされていました。聖書の中で湖や海は、神に反対するもの、敵対するものの比喩としてよく使われています。マタイ福音書のこの箇所は、弟子たちを乗せた舟（教会）と湖（それに反対する敵）を象徴しているのかもしれません。

湖の上を歩いて来られるイエスさまを見た弟子たちは、恐ろしさのあまり「幽霊だ」と叫びます。このように恐れおののいている弟子たちに向かってイエスさまは、「安心しなさい。わたしである。恐れることはない」と声をかけます。このイエスさまの声に、弟子たちはどれほど安心したことでしょうか。

彼らは、イエスさまから強いて舟に乗せられたという不安があった反面、多くの群衆を満腹させた奇跡を目の前で体験したという興奮もあったように思います。もしかしたら、彼らはイエスさまがなさった奇跡だということを忘れ、自分たちも奇跡を起こす力をいただいたという思い上がりに陥っていたのかもしれません。イエスさまが弟子たちを強いて舟に乗せたのは、そうした彼らの興奮を鎮静化させるというお考えもあったのかもしれません。このような状況の中で弟子たちは、湖の上を歩いて来られるイエスさまを見たのでした。

ペトロはイエスさまの「安心しなさい。わたしである。恐れることはない」というお声を聞いて、「主よ、もしあなたでしたら、わたしに命じて、水の上のあなたのもとに行かせてください」と頼みます。ペトロには自分も湖の上を歩きたいという気持ちと、今の自分なら水の上を歩くこともできるという誤まった自信があったのかもしれません。しかし彼は強い風に気付いて恐れに駆られ、沈みかけます。この箇所は、弟子たちの信仰の弱さというものをペトロを代表にして伝えているように思います。ペトロは強い風に気を取られ、恐れに襲われてイエスさまから目をそらせてしまったのです。私たちも周りの非難やうわさ話、評価、複雑な人間関係、病気や経済的貧困など、物質的・精神的にさまざまな困難に直面します。そうした私たちの力だけではどうすることもできない困難に対してきょうのみことばは、ただ「イエスさまだけを見つめて歩む」という重要な信仰の基本を教えてくれています。私たちの信仰は、少しの風や波にも怯《おび》えてしまう、弱くて脆《もろ》いものなのです。

そんな弱くて臆病な私たちの「主よ、助けてください」と叫ぶ声に、イエスさまはいつでも手を差し伸べて助けてくださいます。「安心しなさい」というイエスさまの落ち着いたみ声と、差し出されるそのみ手の恵みを必ずいただけるのだという信頼のもとに、私たちは目をそらすことなく「イエスさまだけ」を見つめて歩みを進めたいと思います。

「救いたいと願っておられる」という種

年間第20主日（マタイ15・21〜28）

NPO法人『アガペの家』（三重県伊賀市／二〇二三年をもって解散）に、私が日頃とてもお世話になっているお母さんのような女性がいます。この「アガペの家」は、身体の不自由な人、精神を患っている人、社会で働く場のない人など、いわゆる社会的弱者と呼ばれる人たちにリハビリと生きがいを提供するため、各種の相談事業や共同生活を提供しながら、低農薬野菜や有機野菜の栽培と販売を通して、社会的自立に寄与することを目的に活動している団体です。

彼女の元には、老若男女いろいろな人が心の拠り所と居場所を求めて訪れます。ここでは協力して無農薬の野菜作りをしながら、実践を通して福音宣教をしています。ここに集う人たちは、朝から夕方まで土と太陽、時には雨に降られながら、自然の恵みを全身に受けて、みなが一緒になって汗を流して作物を作っています。

もちろん野菜作りだけではありません。『アガペの家』が大切にしていることは、神とともにみなが「一致している」ことです。朝早く起きて、その日のみことばの朗読に耳を傾け、一人ひとりがそれを聴いて自分の思いを全員の前で分かち合うのです。その後で共同祈願をささげるのですが、そこでは自分のことではなく、他の人のために祈ります。例えば、「『アガペの家』の運営に関わってくださっている方々のために」「今は離れていても、かつて『アガペの家』と関わりを持った人たちのために」などの意向に合わせて、みなが祈ります。それはまさに、「母の祈り」とでも呼びたいものです。そこには確かに【愛に満たされた祈り】があります。

さて、きょうのみことばは、カナン地方の女性の娘が癒やされる場面です。

イエスさまは異邦人の住むティルスとシドンに行く前に、ファリサイ派の人びとの「父または母に向かって、〈わたしの物であなたに役にたつ物はすべて、神への供え物です〉と言う者は、父または母を敬わなくてもよい」（マタイ15・5）という律法を批判されます。父や母はどんな思いをして、また、どれほどの愛情を込めてわが子を育てたのでしょう。そのことを思うとき、ファリサイ派の説く教えは、異邦人の母親がわが子を思う気持ちとはまったく正反対のものだと言えます。イエスさまはファリサイ派との論争でとことんお疲れになっていたのでしょう。ちょうどそこに、「主よ、ダビデの子よ、わたしを憐れんでください。娘が悪霊に憑かれて、ひどく苦しめられています」と叫んで、カナンの女が現れるのです。彼女は、自分の娘を救うために必死でイエスさまのお力にすがります。

しかしイエスさまは彼女のこの切なる願いに対して、ひとこともお答えになりません。この箇所は私たちを大いに悩ます場面です。いつもならイエスさまは真っ先に彼女の願いを聞き入れ、その母親の娘を癒やしてくださるはずなのです。しかし、この母親の叫びに対してイエスさまは何も答えようとされません。そうしたイエスさまの様子を見て、弟子たちも不思議に思ったのでしょう。「この女を追い返してください。後ろで、叫び続けています」とイエスさまに伝えます。この弟子たちの言葉も、ややもすると冷たいように思われますが、彼らの言う「返す」という言葉には、「娘を病気の苦しみから解放して（親の元に返して）ください」という意味も含まれているようです。

イエスさまはこの弟子たちの願いに対して、「わたしはイスラエルの家の失われた羊のためにしか遣わされていない」と答えられます。またしてもイエスさまの答えは私たちを驚かせます。しかしこの女性の願いは強いものでした。彼女はイエスさまのもとに来て、「ひれ伏して『主よ、わたしをお助けください』」と言うのです。先のファリサイ派の人びとが対等もしくはそれ以上の立場でイエスさまに質問を浴びせていたのとは対照的に、この母親は「ひれ伏して」イエスさまに懇願するのです。そこには、ただただ、娘の命を救いたいという母親の必死さと謙虚さがあふれています。

そんな彼女に追い打ちをかけるようにイエスさまは、「子供のパンを取り上げ、子犬に投げ与えるのは、よいことではない」と言われます。自分の子供すなわちイスラエルの民を救う前に、子犬という異邦人を救うわけにはいかない、とイエスさまは言われているのです。イエスさまは、本当はイスラエルの民を救うためにこの世に来られたのでした。しかしイスラエルの主だった指導者たちは、イエスさまの説く教えや救いを無視し、多くの群衆を惹きつけるイエスさまに妬《ねた》みすら感じていたのです。そんな彼らを前にしてイエスさまは、表だって異邦人の癒やしを行うことはできなかったのです。

カナンの女は、自分たち異邦人が「子犬」と言われたことにも反発することなく、それを受け入れます。その上でさらに「主よ、ごもっともです。しかし、子犬も主人の食卓から落ちるパン屑《くず》を食べます」と言うのです。彼女は必死でした。そしてイエスさまは、この母親の魂からの叫びの中に彼女の信仰を見ます。そして言われるのです、「婦人よ、あなたの信仰は立派だ。あなたの望みどおりになるように」。

それは、癒やしてやりたいというイエスさまの思いと、娘を何とかして癒やしてほしいという母親の切なる願いとが一つになった瞬間でした。ここに、イエスさまの限りない「いつくしみと愛」を垣間見る思いがします。

きょうのみことばから、私たちは何を学ぶべきでしょう。まず、私たちは「迷える羊である」ということを強く自覚することです。そして自分の非力さをよくわきまえて謙虚に、必死になって御父に願うなら、「御父は必ず救ってくださる」という強い信仰が必要ではないかと思います。救いたい、癒やしたいと願っておられるイエスさまのいつくしみに深く信頼して、あのカナンの女のように私たちも必死になって神の助けを求めていきたいと思います。

「私にとってのイエスさまとは？」という種

年間第21主日（マタイ16・13〜20）

私たちは初対面の人に向かって、「あなたはどなたですか？」と尋ねたりはしません。たぶん、まずお互いの自己紹介から始まって、徐々に関係を深めていくのではないでしょうか。また、さまざまな仕事の場でも、例えば病院のお医者さんに向かって「あなたはどなたですか？」と聞いたりはしません。それはその人がお医者さんだということを私たちが知っているからです。

きょうのみことばは、ペトロの信仰告白とイエスさまがペトロに首位権の約束をされる場面です。イエスさまはフィリポ・カイサリア地方に行かれます。ここは、異邦人の多くいる地域でした。きっとこの地方でも、イエスさまのことが人びとの間でうわさになっていたのでしょう。おそらくイエスさまは、この地方から聞こえてくるご自分のうわさについて関心を持っておられたのでしょう。「人々は、人の子を何者だと言っているか」と弟子たちに尋ねられます。弟子たちは、「洗礼者ヨハネだと言う者もあれば、エリヤだと言う者もあります。また、エレミヤとか預言者の一人だと言う者もあります」と答えます。ここに出て来る預言者の名前は、世の終わりにメシアが来る時に現れるとされていた、著名な預言者たちでした。

イエスさまはベトレヘムで生まれ、ガリラヤで大工の子として育ちました。成人して洗礼者ヨハネから洗礼を受けたときには、御父から「これはわたしの愛する子、わたしの心にかなう者である」（マタイ3・17）と言われました。さらに、弟子たちを連れて多くの病人を癒やし、五千人以上もの人びとに食物を与え、罪びととして差別されていた人たちと食事をともにし、ファリサイ派や律法学者たちと激しい問答をされます。イエスさまご自身、「狐には穴があり、空の鳥には巣がある。しかし、人の子には枕する所もない」（マタイ8・20）と言われているように、おそらく定まった家というものもなかったようです。それは、まさに「預言者としての生活」そのものでした。

さらにイエスさまは、「それでは、あなた方は、わたしを何者だというのか」とあらためて弟子たちに問われます。このイエスさまの問いかけは、私たち一人ひとりに対して向けられている質問と言ってよいかもしれません。

私たちにとって、イエスさまとはどのような方なのでしょう。みなさん、一人ひとりがさまざまな**【イエス像】**というものをお持ちだと思います。やさしい方、厳しい方、いつも一緒におられる方、ただ黙って見守っていてくださる方、時々、欲しくない十字架をくださる方……等々。

こんな話を聞いたことがあります。目の不自由な人たちが、生まれて初めて象に触れました。一人は鼻に触って、「象は長いホースのような生き物だ」と言い、別の人は耳に触って、「ペラペラして平べったい生き物だ」と言い、また別の人は足に触って「象とは大きな丸太のような生き物だ」と言ったそうです。このように私たちはイエスさまのごく一部分だけに触れて、その全体像を捉えているのかもしれません。そしてイエスさまは私たちに、「それでは、あなた（ご自分の名前を入れてみてください）は、わたしを何者だというのか」と問われている気がします。このイエスさまの問いかけに対して私たちは、どのように答えたらよいのでしょうか。あらためて自分の認識について見直す良い機会かも知れません。

ペトロはこのイエスさまの問いかけに、「あなたは生ける神の子、メシアです」と答えます。以前、イエスさまが湖の上を歩かれたときにも弟子たちは、「まことに、あなたは神の子です」（マタイ14・33）と言っていますので、彼らはイエスさまが「神の子であり、メシアである」ということをすでに感じ取っていたように思います。それで、イエスさまの問いかけに対してペトロが弟子たちを代表して答えたのではないでしょうか。このペトロの答えを聞かれたイエスさまは、「シモン・バルヨナ、あなたは幸いである。あなたにこのことを示したのは人間ではなく、天におられるわたしの父である」と彼に賛辞を送るのです。

私たちがイエスさまへの信仰を公に表明する時、「御父のみ業（働き）もまた同時に行われる」ということを、この箇所は教えているように思います。時々、分かち合いの場で自分が思ってもいなかったような言葉がポロッと口を衝《つ》いて出て、それが相手の人にとってとても助けになったというような経験をされたことはないでしょうか。私は時々そうした場面に出あうことがあります。そんな時は、「ああ、私はあのお方（御父）に言わされたのかな」などと思ったりします。

きょうのみことばは、イエスさまが「どのようなお方」であるかを黙想するための良い機会を与えてくれています。そして、「私にとってのイエスさま」を周囲に対して臆することなく示すとき、そこには三位一体の神も一緒になって働いていてくださることを教えてくれている気がしています。

自分は一人ではなく、「三位の神と一緒になって福音宣教をしている」という強い信仰を持って人生を歩んで行けたならと願っています。

「おせったい」という種
年間第22主日（マタイ16・21〜27）

「おせっかい」とよく似た言葉に、「おせったい」があります。これは、「四国八十八箇所を巡るお遍路さんに、茶菓子や食事などをふるまったり、宿を提供したりする風習のこと」という意味だそうです。しかし、たった一文字違うだけで「おせっかい」となり、「出しゃばって要らぬ世話を焼くこと」になってしまいます。

「せっかく、あなたのために良かれと思ってしてあげたのに……。どうしてそんな言われ方をしなければならないのか」というような経験、みなさんにもあるのではないでしょうか。「せっかく」とか「してあげたのに」という言葉の中には、その人の「押し付け」という感じがよく表れています。それに対して「おせったい」の方は、何かしら控えめで温かな愛情というものが感じられるように思います。

きょうのみことばは、イエスさまがご自分の【受難】を弟子たちに初めて打ち明けられるという場面です。みことばは、ご自分が「エルサレムに行き、長老、祭司長や、律法学者たちから多くの苦しみを受けて、殺され、そして三日目に復活することを、弟子たちに打ち明け始められた」と記しています。この「打ち明け始められた」という言葉の中に私は、ご自分の悩みや苦しみを親しい人たちと共有しようとされるイエスさまの、弟子たちに対する距離感の近さというものを感じます。まさにイエスさまはご自分の身内という感覚でもって、弟子たちに迫り来るご自身の【受難】を告げられるのです。

ペトロはそうした言葉を聞いて、「主よ、とんでもないことです。決してそのようなことはありません」と、イエスさまを脇にお連れしていさめます。以前、ペトロがイエスさまに「あなたは生ける神の子、メシアです」（マタイ16・16）と言ったように、彼はメシアがそのようなむごたらしい死に方をするはずはない、と固く信じていました。ここにはペトロや弟子たちの「メシア観」と、イエスさまがお示しになる「メシア観」との違いがあります。ペトロのこの言葉に対して、イエスさまは「サタン、引き下がれ。お前は、わたしをつまずかせようとしている。お前は神のことではなく、人間のことを考えている」と厳しく彼を叱責されます。

ペトロは「あなたにこのことを示したのは人間ではなく、天におられるわたしの父である」（マタイ16・17）とイエスさまに褒《ほ》められたそのすぐ後で、一転して「お前は神のことではなく、人間のことを考えている」と叱られてしまうのです。ここで大きくクローズアップされているのは、「神の思い」か「人間の考え」か、ということでしょう。ペトロは「人間の考え」で先生のために良かれと思って言った言葉が、イエスさまから「サタン、引き下がれ」という思いもかけない厳しい言葉を言われてしまい、「せっかく、先生のためを思っておいさめしたのに、どうしてこのように言われなければならないのか」と、納得がいかなかったと思います。

さてイエスさまは、「わたしの後に従いたい者は、自分を捨て、自分の十字架を担って、私に従いなさい」と言われます。ご自身の【受難】を予告した後でイエスさまは、「わたしに従いたい者は、……自分の十字架を担って、私に従いなさい」と弟子たちに言われるのです。ここには、イエスさまの弟子になるための「必要条件と覚悟」というものが示されています。【十字架】と聞くと、そこには何か「つらくて苦しいもの、苦手なもの」というマイナスのイメージが付きまといます。しかし「イエスさまに従っていく」ということの中には、「つらく苦しいもの」という〝負〟のイメージはなくて、むしろ喜びというものを感じはしないでしょうか。

パウロはその手紙の中で、「あなた方の体を、神に喜ばれる聖なる生ける犠牲《いけにえ》としてささげなさい」（ローマ12・1）と記しています。彼は私たちが自分の十字架を担うという行為を、「神に喜ばれる聖なる犠牲《いけにえ》としてささげるように」と勧めています。それは、時として世間の流れに逆行することであったり、周囲から嘲笑されることであるかもしれません。しかし私たちは、「何が神のみ旨か、すなわち、何が善であり、神に喜ばれ、また完全なことであるかを弁《わきま》える」（ローマ12・2）ことによって、キリスト者にふさわしい態度をもって、イエスさまに従っていくことができるのです。

「自分の命を救おうと望む者は、それを失い、わたしのために自分の命を失う者は、それを得る」とイエスさまは言われます。この教えによって私たちは、「何か」を行おうと行動する時に、その何かを自分は「誰に対して」、「どういう目的で行おうとしているのか」という一つの判断、判断の目安を持つことができるように思います。たとえその行いが良いことであったとしても、それを自分のために行うのだとしたら、せっかくの善行も偽善に変わってしまいます。人間的な「おせっかい」ではなく、冒頭に紹介した「おせったい」という愛の心をもって、イエスさまに従っていきたいものです。

「私たちの友」という種

年間第23主日（マタイ18・15〜20）

教皇フランシスコの使徒的勧告『福音の喜び』（カトリック中央協議会）の第3項に、「主にかける者を主は失望させません。小さな一歩であってもイエスに向かって歩み出すならば、イエスが両手を広げてその到着を待っていることに気がつくでしょう。（略）つねに神は、倦《う》むことなくわたしたちをゆるしてくださいます。かえってわたしたちのほうが、神のいつくしみを求めるのにうんざりしてしまうのです」とあります。また第14項には、「新しい福音宣教はすべての人に呼びかけられており、それは基本的に三つの領域で実行されます。第一に、通常の司牧の領域です。（略）第二の領域は、『洗礼を受けながらも洗礼の要求することを実行していない人々』です。（略）教会は、つねに気遣う母親として、彼らが回心し、信仰の喜びと福音にかかわりたいという願いを取り戻すよう努めています。最後に、イエス・キリストを知らない人、また拒み続けている人に福音を伝えることこそ、福音宣教の根本であることをあらためて強調しなければなりません」とあります。

この使徒的勧告で教皇様は、「イエスさまは、愛といつくしみによって何度でも私たちの罪を赦《ゆる》してくださる方」であるのと同時に、私たちの使命である【福音宣教】の業《わざ》を通して「人びとをイエスさまの方へと向かわせる」という、二つのことを示しておられます。私たちは本当に脆《もろ》くて弱い存在です。何度も何度も同じような罪を犯してしまいます。それでもイエスさまは、悔い改めてご自分の方に向き直って、また歩みを進める私たちを寛大に受け入れ、癒やし、そして赦してくださいます。

私たちは、苦しくて不安な罪の状態というものをよく知っています。そして、その罪の状態から解放された時の喜びもまた知っています。その喜びを、まだイエスさまの方に向かい切れていない人や、頑《かたく》なに神の救いを拒んでいる人にも分かち合いたいという願いを、どんな時でも持ち続けていたいと思います。

きょうのみことばの箇所は、『兄弟的勧告』です。ここでイエスさまは罪を犯した友人に対して、愛をもってご自分の方に導くよう諭しておられます。「もしあなたの兄弟が罪を犯したなら、行って二人だけの間で彼をいさめなさい」と。

ここには、黙想のための大きなヒントがあります。イエスさまは最初からことを大げさにするのをお望みになりません。あくまでも、一対一の関係から始めるようにと伝えています。さらに「彼をいさめなさい」とありますが、この〝いさめる〟という言葉には、「神の光に照らして」という意味があるようです。イエスさまは罪を犯した友人に対して、「まず二人だけで話し合うこと」を勧めます。この「二人だけ」には、他者を介在させないことによって、そこに「三位一体」の神のみ業《わざ》が働かれるということを教えておられる気がします。

さらにイエスさまは、もし二人だけではどうにもできない場合は、「ほかに一人か二人を連れていきなさい。『すべてのことは二人または三人の証言によって確実なものとなる』とあるからである。もし彼らの言うことも聞き入れなければ、教会に申し出なさい」と言われます。イエスさまは、罪を犯した友人の回心のために、少しずつ周りの人を巻き込むようになさいます。そして、「もし教会の言うことも聞き入れなければ、彼を異邦人か徴税人と同様にみなしなさい」と言われるのです。一見するとこの言葉は、罪を犯した友人を手厳しく断罪しているように見えますが、イエスさまはこの罪を犯した友人に対して、「多くの人がこれほどまでに、あなたの回心を願っているのですよ」ということを伝えるためではないかと私は思っています。

最後の「彼を異邦人か徴税人と同様にみなしなさい」という言葉ですが、これはまさに、神によって救われるべき人とは「周囲から【罪びと】というレッテルを貼られている人たちなのですよ」ということをイエスさまは伝えようとされておられるのではないでしょうか。この節の前には、「このように、これらの小さな者が一人でも滅びることは、天におられるあなた方の父のみ旨ではない」（マタイ18・14）とあります。イエスさまの意を体した私たちは、罪を犯した人の友人であると同時に、その人を「愛といつくしみ」によってイエスさまの方へと導いていく友人でもあるのです。

「二人また、三人がわたしの名によって集まっている所には、わたしもその中にいる」とイエスさまは言われます。このみことばは、私たちを大いに勇気付けます。罪を犯した友人、そしてその人をいさめ、回心を促す人たちの対話の場には、必ずイエスさまもいてくださるのです。さらにもう一歩踏み込んで考えるなら、私たちが罪を犯した友人を回心に導く時に一緒におられる「友人」、それがイエスさまなのかもしれません。加えてイエスさまは、「わたしは代の終わりまで、いつもあなた方とともにいる」（マタイ28・20）と断言されています。イエスさまは古《いにしえ》の弟子たちの時代だけでなく、今の私たちが生きているこの時代、さらにはこれからの未来においても、常に私たちとともにいてくださると約束してくださっているのです。何という頼もしく、何と心強い神の約束でしょうか。日常のどんなに些細な出来事の中にも、私の保護者であり、最高の助け手でもあるイエスさまがいつも一緒にいてくださることを常に意識して生きていきたいものです。

「十字架は愛《いと》おしい」という種

十字架称賛（ヨハネ3・13～17）

図像学的に見ると、「十字架」は歴史の変遷につれてさまざまに姿を変えてきました。初期の頃は十字架上に神の御子の姿を描くことは畏《おそ》れ多いと考えられ、イエスさまのお姿は描かれなかったようです。その後、時代が下るにつれて少しずつ変わってきました。宝石や金銀などの豪華な装飾を身に着けた【王】としてのイエスさまを象徴したり、逆に苦悶にあえぐキリストのご受難を前面に出した十字架もありました。今では復活された「勝利のキリスト」なども多く見受けられ、多様なイメージのキリスト像が十字架に描かれ（彫刻され）ています。しかし、十字架にどのような姿のイエスさまが描かれていたとしても、一貫して変わらないのは、私たちがその十字架の前で癒やされ、慰められ、励まされて勇気をいただく、そうした恵みに浴しているということでしょう。

きょうの典礼は、『十字架称賛』です。『毎日のミサ』（カトリック中央協議会）には、

「きょうは、キリスト者の救いと勝利の希望であるキリストの十字架を思い起こす祝日である（『毎日の読書より』）」と説明されています。この日のみことばを通して、私たちにとっての「十字架」とは何であるかを、あらためて思い起こすことができたらと思います。

きょうのみことばは、イエスさまとユダヤ人議員でファリサイ派のニコデモとの会話の場面です。イエスさまは「天から下って来た者、すなわち、人の子のほかには、誰も天に昇った者はいない」と言われます。イエスさまはまず、ご自分は御父のご計画に従ってマリアさまを通して受肉されたのだということを伝え、だからこそ、再び天に昇ることができるのだと教えます。しかしニコデモにはよく理解できません。ここで【受肉】という言葉が出てきました。少しの間、目を閉じて、イエスさまのその時々のお姿というものに想像を巡らしてみたいと思います。

最初に幼子のイエスさま、次に少年あるいは成人したイエスさま、十字架につけられて全身傷だらけのイエスさまと、その足元にたたずむマリアさま。そしてマグダラのマリアが喜びのあまりにすがりついた復活した勝利のイエスさま……。聖書の書かれた時代だけでなく、今現在もイエスさまは、私たち一人ひとりの中に血肉を備えた方として「受肉」されておられます。

さて最初にご自分が何者であるかを示されたイエスさまは、旧約のイスラエルの民がモーセとともに荒れ野で過ごした時の場面をニコデモに思い出させ、「モーセが荒れ野で蛇を上げたように、人の子も上げられなければならない」と言われます。旧約の民は、自分たちの不信仰によって主なる神の怒りを招き、蛇に咬《か》まれて命を落としました。モーセは彼らの嘆願を主なる神に伝えました。すると主なる神は、彼らの命を救うためモーセに、「火の蛇を造り、それを旗竿の上に掛けよ。咬《か》まれた者はみな、それを仰ぎ見れば、生きる」(民数記21・8)と言われます。こうしてイスラエルの民は、死ぬはずの命を旗竿に掛けられた青銅の蛇を仰ぎ見ることによって生きることができたのでした。考えてみると、これはとても不思議なことです。それまで自分たちの命を散々奪ってきた蛇を、今度は旗竿の上に仰ぎ見ることによって生き延びることができたというのですから。この不思議(神秘)は、信仰の目で捉えなければ到底受容できないものだと思います。

イエスさまは、「それは、信じる者がみな、人の子によって永遠の命を得るためである」と言われます。それは「実に、神は独り子をお与えになるほど、この世を愛された。独り子を信じる者が一人も滅びることなく、永遠の命を得るためである」（ヨハネ3・16）とみことばにあるように、御父のみ旨そのものでした。

私たちは、生まれた時から今に至るまで、どれだけ罪を犯してきたことでしょう。イエスさまはペトロの「何度、赦さなければなりませんか。七回までですか」という質問に対して、「七回どころか、七の七十倍までである」（マタイ18・21〜22）と言われます。これは、私たちの数え切れないほどの罪を、イエスさまが無制限に赦してくださることを意味しています。そしてそのことは、ご自分を信じる者が一人も滅びることなく、永遠の命を得るためであるという御父の悲願とも言える【いつくしみ】が示されていると言ってよいでしょう。

きょうのみことばには、【信じる】という言葉がたびたび出てきます。この言葉はもちろん、イエスさまが私たちの【救い主】であるということを【信じる】ことです。私たちの中心、それは言うまでもなくイエスさまです。しかし時として私たちは、「もう何も信じることができなくなった」と感じて落胆してしまうことが悲しいことに現実としてあります。自分の不幸を嘆きながら、「どうして、私だけがこのような目に遭わなければならないのか」という恨みにも似た気持ちに陥ることもあるでしょう。

しかし、そのようなつらくみじめな思いの時であっても、「イエスさまが必ず私のそばにいてくださり、私と一緒になってこの苦しみを担ってくださっている」と思うことができたなら、どんなにか心強く、どれほど自分の重荷が軽くなることでしょうか。イエスさまは私たちの苦しみや非力を、ご自分の十字架上の苦しみを通して担ってくださり、私たちが陥るであろう罪をよくご存じの上でなお、愛といつくしみをもって赦してくださっておられるのです。「十字架」、それは最もイエスさまと近くなれる時でもあります。「主よ、私たちは自分の十字架を背負って、どこまでもあなたにつき従って参ります」。

きょうの「十字架称賛」の主日にあたって、私たちはもう一度、自分の担っている十字架と、その十字架を一緒になって担ってくださっているお方の存在を思い起こし、「十字架」を愛《いと》おしく思ってみてはいかがでしょう。

「主とともに働く恵み」という種

年間第25主日（マタイ20・1～17）

私がまだ二十代半ばの頃、ある事情から修道院を離れ、実家に帰ったことがありました。最初は休暇気分でいたのですが、さすがに一カ月も過ぎると何もせずに家にいることに違和感を覚えてきました。そこで、生まれて初めて職業安定所に行ってみたのです。自分にできそうな職業欄のファイルをめくり、一つの印刷会社を見つけて、その場で先方に電話をしてみました。電話に出た方は、「では、履歴書を持ってあす来てください」という返事をくださいました。私にとって何もかもが初めての体験でしたが、翌日その会社に行き、すぐにその場で採用されました。

きょうのみことばは、『ぶどう園の労働者』の箇所です。ぶどう園の主人が労働者を雇うために朝早く市場へ出かけ、一日一デナリオンの報酬で、ぶどう園に人を送ります。さらに九時頃にも市場に出かけてみると、何もせずに立っている人たちがいたので、主人は彼らにも「あなた方もぶどう園に行きなさい。ふさわしい賃金を払おう」と言われます。

イスラエルという土地は日中はとても暑いので、人びとは朝早いうちから働き始めます。それでこの主人もぶどう園で働く労働者を確保するために、早朝から市場へ出かけて行ったのでしょう。人びとにとって「市場」とは、生活に必要な物資を買うことの他に情報を得るための場であり、お互いの交流と親睦の場でもあったのです。

主人は一日に何度も労働者を雇うために市場に足を運びます。そこで彼は、【何もせずに立っている人たち】を目にします。「なぜ何もせずにそこに立っているのか」という主人の質問に対して彼らは、「誰も雇ってくれないからです」と答えます。この人たちは、決して仕事をしたくない怠け者ではありませんでした。彼らは仕事をしたくても【雇ってくれる人】がいなかっただけなのでした。こうした人たちの中には家族を養うために何としてでもお金を稼がなければならない人、病人を抱えている人、生活に困窮している人など、みなが切実に仕事を求めていたのです。

ぶどう園の主人、それはイエスさまご自身と言ってよいでしょう。五千人もの群衆に食べ物を与えられたとき、イエスさまは大勢の群衆をご覧になられて【憐れ】を催されたことがありました（マタイ14・14）。この【憐れに思う】という言葉には「断腸の思い」、「腸《はらわた》が千切れるような」という強い意味が含まれているそうです。イエスさまは市場に出かけて行かれ、雇ってくれる人もなく照りつける強い日差しの中、ただ【何もせずに立っている人たち】をご覧になって、腸が千切れるほどの【憐れみ】をお感じになったのです。

イザヤ書には「主を求めよ、見出《みいだ》すことができるうちに。呼びかけよ、近くにおられるうちに。悪い者が自分の道を、不正な者が自分の思いを捨てるように。主に立ち返るように。主は憐れんでくださる方」（イザヤ55・6〜7）とあります。御父もイエスさまも憐れみそのもののお方ですから、苦しんでいる人、困っている人、途方に暮れている人を放っておくことができないのです。

さて、夕方になって主人は、農園の管理人に「労働者たちを呼び、最後に来た者たちから始めて、最初に来た者たちにまで、賃金を払いなさい」と言われます。朝早くから雇われた人たちは、夕方の五時頃に来た人たちが一デナリオンをもらっているのを見て、彼らより多く働いている自分たちは、もっと多くもらえると思ったのです。しかし、結果は一時間しか働かなかった人たちと同じ一デナリオンでした。みことばは、「最初に来た者たちが来て、それよりも多くもらえるだろうと思っていたが、彼らが受け取ったのも一デナリオンであった」と記します。ことわざに「捕らぬ狸の皮算用」というものがありますが、最初に雇われた人たちは、まさにこの「捕らぬ狸の皮算用」をしていたのです。ここに彼らの身勝手な勘違いがありました。私たちは、暑い中で一日中働いた人たちと一時間しか働かなかった人が同じ賃金というのは不公平で、朝早くから働いた人たちの言い分が正しいと思います。しかしこの喩《たと》え話のポイントは、雇用と賃金についての話ではなく、【天の国】についての話なのです。さらに主人は、すべての人たちに対して一デナリオンの報酬の約束で彼らをぶどう園に送っています。イエスさまは、すべての人に対して同じように愛を注がれているのです。残念なことに最初に雇われた人たちは、自分たちの権利を声高に主張するあまり、一日中、不安と暑さに耐えて市場にただ立っていた人たちのことを心にかけることができなかったのです。

教皇フランシスコは、使徒的勧告『福音の喜び』（カトリック中央協議会）の99項で、「嫉妬の誘惑に注意しましょう。わたしたちは皆、同じ船に乗り、同じ港に向かっています。一人が結ぶ実は皆のものです。その実りを喜びましょう」と書いています。

私たちはみな、イエスさまと一緒に天の国に向かうために、【福音宣教】を行っています。そしてイエスさまがともに働いてくださるその活動は、常に喜びで満たされ、愛が充満しています。パウロは「実に、わたしにとって生きるということはキリストであり、死ぬことは、まさに益をもたらすものです」（フィリピ1・21）と言っています。パウロの中には常にイエスさまがおられ、彼にはイエスさまとともに働いているという確信があふれていました。私たちもイエスさまがいつも隣にいて、私たちとともに働いてくださっているということの喜びと恵みを、心から実感していけたらと思います。

「ありのままに生きる」という種
年間第26主日（マタイ21・28〜32）

「ありのままに生きる」ということは、私たちにとってどのようなことなのでしょうか。簡単なようでいて、それを実践するのは意外と難しいかもしれません。

自分では「ありのままに生きたい」と願ってはいても、どうしても私たちは周囲の目を気にしてしまうことがあります。私は以前あるシスターから、「あなたは、あなたなのですよ。無理をすることはありません。『ブラザー（修道士）だから、こうしなければならない』という気持ちから離れてみてはいかがですか」と言われたことがあります。その時から私は「ありのままに生きる」ということを、あらためて身近な言葉として意識するようになりました。

きょうのみことばは、父親が二人の息子に「ぶどう園に行って働いてくれ」と頼む喩《たと》え話の箇所です。この喩え話をなさる前にイエスさまは、祭司長や民の長老たちから、あなたは「何の権威があって、あのようなことをするのか。誰があなたに、そのような権威を与えたのか」と詰問されています。それに対してイエスさまは、「わたしもあなた方に一つ尋ねる。それに答えるなら、わたしも、何の権威をもって、あのようなことをするのかを言おう。ヨハネの洗礼はどこからのものか。天からのものか、それとも人からのものか」と逆に彼らに質問されます。

このイエスさまの問いに対して祭司長たちは、「分かりません」と答えるしかありませんでした（マタイ21・23〜27）。そしてイエスさまは彼らのこの答えを聞いた後で、きょうの「喩え話」を始められるのです。

喩え話の中で最初に父親は、長男の所に行って「息子よ、今日、ぶどう園に行って働いてくれ」と頼みます。長男はぶどう園で働くことのつらさをよく知っていたのでしょう。または気分が乗らなかったのか、もしくは父親との関係がうまくいっていなかったのか、いずれにしても長男は「いやです」と答えます。それを聞いた時の父親の顔はどんなだったでしょう。少なくとも平気な顔をしていたとは思えません。「なぜ、ぶどう園に行きたくないのか」と怒ったかもしれませんし、悲しい顔をしていたかもしれません。みことばの中に父親の表情までは書かれてはいません。

しかし長男は自分の言ったことに対して、何かしら心に刺《とげ》のようにひっかかるものがあったのでしょう。みことばは、「しかし、後で思い直し、出かけていった」と記します。このわずか一行の中に、兄の心に大きな変化が起こっていたことが分かります。たぶん彼は心の中であらためて父親と向かい合い、会話を交わしたのではないかと思います。私たちは「ゆるしの秘跡（告解）」を受ける前に、【糾明】を行います。糾明とは、自分の心の中を振り返り、人に対して、または三位一体の神に対して犯した罪を見つめるものです。ただその糾明を行う前に私たちは、「自分が御父からどれだけ愛されているのかということを、まず見つめ直す」というところから入っていきます。長男は自分を愛してくれている父親に対して「いやです」と言ってしまったことに、大きな良心の呵責《かしゃく》を感じていたのでしょう。

一方、次男の方は父親の「ぶどう園に行ってくれ」という願いに対して、「お父さん、承知しました」と即答します。次男は父親を悲しませるような返事はしませんでした。しかし結果的に、彼はぶどう園には行きませんでした。

この喩え話でイエスさまは、祭司長たちのように「自分は常に正しい、自分は罪びとではない」と思っている人たちと、徴税人や娼婦たちのように「自分は弱く罪深い人間だ」と思っている人とを対比しています。そして祭司長や長老たちに向かって、

「あなた方によく言っておく。徴税人や娼婦が、あなた方より先に神の国に入る」と言い放つのです。

よい返事だけをしてぶどう園に行かなかった次男は、祭司長や長老たちを指しています。彼らは、先のイエスさまの逆質問に対して心の中では、「（ヨハネの洗礼は）天からのものである」という答えを知っていました。しかし、それを正直に言うことができず「分かりません」と答えたのです。

パウロは言います、「どうか、互いに同じ思いを抱《いだ》き、同じ愛をもち、心を合わせ、思いを一つにして、わたしを喜びで満たしてください。対抗意識をもったり、見栄《みえ》を張ったりせず、へりくだって、互いに相手を、自分より優れたものと思いなさい。各々、自分のことだけでなく、他人のことにも目を向けなさい」（フィリピ2・2〜4）と。

この喩え話の中の次男は、きっとプライドが高かったのでしょう。そのために彼は「いやです」とは言えなかったのです。その意味では、長男の方が自分に対して正直に（ありのままに）生きていたと言えるでしょう。

私たちは心や体の疲れ、不調などから、人に会いたくない、家事・仕事をしたくない、祈りができない、ミサに行くことができないなどといった「いやです」ということがしばしばあると思います。誰一人としてすべてを完璧にこなせる人はいませんし、みなが同じスピード、同じレールの上を走ることも出来ません。時にはどこかで自分を休ませ、労《いた》わることも必要でしょう。そのような時には、「とても、とてもつらい。もう行きたくない」と、弱音を吐いてもよいのだと私は思います。そして再び歩き出すことが出来たときに、また新しく「一歩」を踏み出せばよいのです。

私たちの中で罪を犯さない人、躓《つまづ》かない人は誰一人いません。大切なことは、そんな私たちであっても、愛して受け入れてくださる三位一体の神のいつくしみと愛を信じて、もう一度歩みを始めることだと思います。

きょうのみことばから、「ありのままに生きる」ための勇気と恵みを三位一体の神に祈り、求めたいと思います。

「ただ神のうちに」という種
年間第27主日（マタイ21・33〜43）

私たちは、みんな「幸せ」を願っています。しかし本当の「幸せ」とは、どのようなものなのでしょう。お金をたくさん持っていること、強大な権力を自由に行使できること、大勢の人から特別視されることでしょうか。もちろん、生きていく上にはそれなりのお金も必要ですし、時には仕事を進めていくためにある程度の権力も必要でしょう。しかし本当の「幸せ」とは、「御父の『いつくしみと愛』に包まれていること」だと私は思っています。

詩編に、「わたしの魂は、ただ神のうちにあって安らぐ」（詩編62・2）という箇所があります。私はこの一節に、神の「いつくしみと愛」に包まれた状態というものを感じ取っています。とくに「ただ神の」という言葉にとても心惹《ひ》かれます。「ただ」という言葉には、「単純な」というニュアンスとともに、「ひたすら」という主への信頼が強く感じられます。

きょうのみことばは、『悪い小作人の喩《たと》え』の場面です。みことばは、「もう一つの喩えを聞きなさい」という言葉で始まります。この喩え話は、前節の「二人の息子の喩え話」に引き続いています。きょうのみことばも前節と同じく、「ヨハネの洗礼が天からのものである」ことを公言できなかった祭司長や民の長老たちの頑《かたく》なさについて、イエスさまが語られる場面です。イエスさまは御父がイスラエルの民の一人ひとりをどれほど愛しておられるかを伝えるために、地主と小作人の喩えを用いられます。地主はぶどう園を造って、あらゆる外敵から守るために垣根を設け、その中に搾《しぼ》り場を設け、物見櫓《やぐら》を建てて小作人に貸し与えます。そこにはまさに「至れり尽くせり」といった御父のイスラエルの民への愛が示されます。イザヤ書には、「まことに、万軍の主のぶどう園とは、イスラエルの家」（イザヤ5・7）と書かれてあります。御父は、私たち一人ひとりに必要なすべてのものを用意してくださっておられるのです。

地主である御父は、ぶどうの収穫が近づいたので、旅先から僕《しもべ》たちをぶどう園に派遣します。しかし、小作人たちは僕の中の「一人を打ちたたき、一人を殺し、一人を石打ち」にします。この箇所について共観福音書のマルコ福音書では、「ところが、小作人は僕《しもべ》を捕まえて打ちたたき、何も渡さずに追い返した。そこで、主人は再び別の僕《しもべ》を遣わしたが、彼らはその頭を殴り、侮辱した。さらに、別の僕《しもべ》を遣わしたところ、今度はこれを殺してしまった」（マルコ12・2〜5）と記します。しかし同じ共観福音書のルカ福音書は、「ところが、小作人たちは、その僕《しもべ》を打ちたたいたうえ、何も持たせず追い返した」（ルカ20・10〜12）としていて、怪我《けが》を負った僕はいたでしょうが、一人も死者は出ていません。これらを比較してみますと、マタイ福音書が祭司長や長老たちの御父の愛に対する頑《かたく》なな態度や忘恩を強調する点に力点を置いているのが分かります。そしてこれは、頑なさや意固地に傾きやすい私たちへの警鐘としても受け止めることができるでしょう。私たちは、実際に人を殺してはいません。しかし、自分でも気が付かないうちに言葉による暴力、意固地さ、悪意などで周りの人を傷つけているかもしれません。この喩えは私たちにとって、自分の内面をじっくり見つめ直す機会となるのではないかと思います。

さらにマタイ福音書は他の福音書と違って、地主が僕を小作人たちのもとに遣わしたのは二回だけだったことです。これは、御父が「バビロン捕囚事件」の前と後の二回、預言者をイスラエルに遣わしたことを意識しているようです。

イスラエルの民がどれだけ頑なにご自分の愛を拒んでも、御父がご自分の僕である預言者を遣わされるのは、イスラエルの民に対するその愚かしいまでの【いつくしみと愛】があるからだと言えるでしょう。そしてその同じ御父の【いつくしみと愛】は、今この時、この瞬間にも私たち一人ひとりの上に注がれているのです。

パウロはこうした御父の愛を、「何事も心配せず、すべてにおいて感謝をこめて祈り、かつ、願い、あなた方が望んでいることを神に向かって打ち明けなさい。そうすれば、人間の理解を遥かに超える神の平和が、キリスト・イエスに結ばれているあなた方の心と思いを守ってくださいます」（フィリピ4・6〜7）という言葉で伝えます。私たちはこうした御父の満ちあふれるばかりの【いつくしみと愛】をいただいているのです。

小作人たちはこの地主（御父）の愛に気付かず、頑なにその愛を拒むばかりか「あれは跡取りだ。さあ、彼を殺して、その相続財産をわれわれのものにしよう」と話し合い、地主の最愛の子（イエスさま）を殺してしまうのです。イスラエルの民は、自分たちが生きる上で必要なものをすべて準備し、与えてくださっている御父の愛を忘れて、あたかも自分たちの力だけで収穫を得たと思い上がったのです。

イエスさまは、こうしたイスラエルの民の指導者である祭司長や長老たちの思い上がりの罪を指摘するため、とくにこの喩えを用いたように思います。祭司長や長老たちは自分たちがこれまで行ってきたことに対して、〝罪の意識〟というものがまったくありませんでした。こうした点も私たちにとって、黙想の際の材料になるような気がいたします。

御父が私たちをこよなく愛し、私たちのためにすべてを準備してくださっていることに気付いて深く感謝すると同時に、その御父の【いつくしみと愛】に満たされて、「ただ神のうちにあって安らぐ」ことが出来るよう、幼子のような信頼のうちに歩んでいきたいものです。

「いつくしみと愛に気が付く」という種

年間第28主日（マタイ22・1〜13）

ことわざに「親の心、子知らず」という言葉があります。「親は子供のことを心配しますが、子供は親の心配など気にせずに自分の好きなことをしている」という意味です。イザヤ書には「女が自分の乳飲《ちの》み子《ご》を忘れるだろうか。自分の腹にいた子を憐れまないだろうか。たとえこの女たちが忘れても、このわたしはお前を忘れない」（イザヤ49・15）と書かれています。イザヤ書は、「たとえ、私たちが犯した罪や弱さなどで失意のどん底にあったとしても、あるいは、もう御父に会わす顔がないと思っていても、御父はそんな私たち一人ひとりを、心から大切に思っていますよ」ということを教えてくれているように思います。イザヤ書のこの箇所は、まさに「親の心、子知らず」のような気がしています。私たちは父である神さまの「心配」を知らずに、自分の都合ばかりを優先して生活しているのかもしれません。

きょうのみことばは、『王子の結婚披露宴』の喩《たと》えです。イエスさまは、この喩えをファリサイ派の人びとに向けて語られます。「天の国は次のように喩えられる」という言葉で始められたイエスさまは、まず「天の国とはどのようなところなのか」、「どのような人を御父は天の国に招いておられるのか」ということを明確になさいます。

王は愛する王子のために結婚披露宴を計画し、あらかじめ決めていた客人を招待するために、彼らのところに僕《しもべ》を遣わします。しかし彼らは来ませんでした。そこで王は、宴席にどのようなすばらしいご馳走を用意しているかを具体的に示して、再び僕を遣わします。しかしそれでも彼らは王の招待を無視し、ある者は畑に、ある者は商売に出かけ、ほかの者たちはあろうことか、王の僕たちを捕まえて辱め、殺してしまうのです。ちなみにルカ福音書の同じ箇所では、人びとが僕に対して行った辱めや殺人の行為は書かれていませんし、怒った王が軍隊を差し向けるといった箇所も描かれていません。この違いは、ルカがイスラエル人以外の人びとに向かって福音書を書いているのに対して、マタイはイスラエル人に向けて書いているからだと思います。

王である御父は、まず、イスラエルの指導者たちの選民主義的な考え方や傲慢な態度に対して、何度も何度も「彼らを救おう、改めさせよう」として預言者を送りますが、指導者たちはことごとくそれを無視してきました。こうしたファリサイ派の人たちが過去に行ってきた神への忘恩や意固地な行為に対して、イエスさまはこの喩えによってその愚かしさを分からせようとなさったのかもしれません。

さて、せっかく最高の披露宴の準備をして招待客をもてなそうと心を砕く王に対して、招待客たちは生活上の都合や仕事などといった、さまざまな理由をつけてその誘いを断ります。これは今の私たちにも当てはまるように思います。私たちは御父の呼びかけよりも、自分の仕事や娯楽といったものを優先してはいないでしょうか。黙想のための一つのヒントになるような気がします。

次に王は、「大通りに行って、誰でもよいから、出会う人を披露宴に招きなさい」と僕たちに命じます。そこで僕たちは、悪人であれ善人であれ、出会う人をみな集めて来ます。ここで注目したいのは「悪人であれ善人であれ」という言葉です。善人を招待するというのなら分かりますが、どうして「悪人」まで招待するのでしょうか。ここには御父の愚かしいまでの「いつくしみ」が表れています。御父はイスラエルの人びとを救おうとされていましたが、彼らはその思いを無視します。そのため御父はイエスさまを通して、ファリサイ派の人びとが「罪びと」と決めつける徴税人や娼婦、病人や貧しい人たちに救いの手を差し伸べたのです。

徴税人や娼婦、体の不自由な人、貧困にあえぐ人、そして異邦人たちは、自分たちが周りのユダヤ人から差別されていることがよく分かっていましたし、彼ら自身、自分たちは「罪びと」なのだと思い込んで（思いこまされて）いる人たちでした。しかし本当は、イスラエルの指導的立場にある人たちこそが神の救いを最も必要としている人たちだったのです。イエスさまはファリサイ派の指導者たちに、どのような人が「天の国」に招かれるのかということをこの喩えによって伝えたのです。

さて王は、僕たちが招いた客の中に〝礼服〟を着ていない人を見つけます。そこで王はその人に愛情を込めて「友よ、どうして婚礼の礼服をつけずに、ここに入ってきたのか」と尋ねます。しかしその人は、何も答えませんでした。もし、ここでその人が何かしらの理由を伝えたのでしたら、追い出されることはなかったでしょう。ここで大切なことは、【何も答えない】ということのようです。御父の言葉に、またその愛に応えようとはせず、意固地にその愛を拒み続ける人に対して、御父はその人を救うことが出来ないのです。

きょうのみことばは、御父が私たち一人ひとりに注いでおられる「いつくしみ」とその「愛」に対して、果たして私たちはどのように応えているだろうかということを、あらためて思い巡らすよい機会になるように思います。

「ライバル心の有効活用」という種

年間第29主日（マタイ22・15～21）

時々私たちは、自分と周りの人を比べてしまうことがあります。そのこと自体は、別に悪いことではありません。他者と自分を比較することは、相手を〝ライバル〟として目標にし、頑張ろうとするエネルギーになります。しかしそれが良い方向に向かうのではなく逆になってしまうと、〝妬《ねた》み〟になってしまいます。最初は「ああ、いいな、羨《うらや》ましいな」という軽い気持ちでいたものが、次第にやっかみになり、〝妬み〟となっていくのです。そこからいじめや、時にはもっと恐ろしいことにも発展しかねません。

きょうのみことばは、ファリサイ派の人たちとヘロデ党の人びとが手を組んで、お互いが敵視している共通の敵であるイエスさまを陥れようと企《たくら》むところから始まります。ファリサイ派の人たちは、自分たちが守ってきた律法を神殿や会堂で民衆に教えていました。しかし人びとはファリサイ派の教えよりも、「権威ある者のように教えられる」（マタイ7・28〜29）イエスさまの教えに耳を傾け、イエスさまがなさる数々の奇跡を通して自分たちの癒やしを求めていました。さらに民衆は、イエスさまこそが自分たちを苦しめている圧政から解放してくださる「メシア（救い主）」だと思っていたのです。

このように、人びとがイエスさまの方へとなびいていく様子を見てファリサイ派の人たちは、徐々にイエスさまを敵視するようになっていきます。加えて彼らは洗礼者ヨハネの洗礼に関する問答で、イエスさまに散々批判された直後でもありました。きっと彼らは、これまで培ってきた教えやプライドをイエスさまによって傷つけられたと感じたのでしょう。こうしたことから、彼らの心の中には妬みと憎しみが芽生え始めるのです。ファリサイ派の人びとは本来、占領者であるローマの傘下にいるヘロデ党を快く思ってはいませんでした。しかしこのようなことから、何とかしてイエスさまを亡き者にしようと、敵対関係にあったヘロデ党と手を組むことにしたのです。

彼らはイエスさまに「先生、わたしたちは、あなたが真実な方で、真理に基づいて神の道を教え、また相手によって態度を変えず、誰をもはばからない方であることを知っています」（マタイ22・16）と言います。彼らが使ったこの言葉は、まさにイエスさまのお姿そのものでした。彼らはイエスさまの言葉じりを捕らえるための前置きとして、この言葉を口にします。それは逆の言い方をすれば、イエスさまの日頃の言動を、彼らが悪意をもって注意深く監視していたことの証拠だと言えるでしょう。

その後、ファリサイ派の人びとは「ローマ皇帝に人頭税を納めることは、許されているのでしょうか、いないのでしょうか」という、極めて巧妙で意地悪な質問を仕掛けます。もしイエスさまが「皇帝に人頭税（税金）を納めるべきだ」と言えば、ローマの圧政に苦しんでいるユダヤ人を裏切ることになりますし、人頭税を納めないでよいと言えば、支配者であるローマ皇帝への公然たる反逆ということになるのです。ファリサイ派の人びとは、どちらを答えてもイエスさまが窮地に陥る結果になるということを知った上で、ヘロデ党の人たちと一緒にこの質問をぶつけたのです。しかしイエスさまのお答えは、「皇帝のものは皇帝に、神のものは神に返しなさい」という、どちらの答えでもなかったのです。

イエスさまは、ファリサイ派の人びとがご自身を罠にかけるために最初に質問した「あなたが真実な方で、真理に基づいて神の道を教え、」という言葉をしっかりと証明しながら、見事に彼らの邪悪な罠を潜《くぐ》り抜けたのです。

人が嫉妬心を抱く時、膨大な〝負のエネルギー〟を使っているのではないかと私は考えています。このエネルギーはとても強力なもので、相手に甚大なダメージを与えてしまいます。しかし逆にそのエネルギーを良い方向に用いるなら、それは嫉妬心ではなくて、憧れや尊敬という「愛の心」へと向かうように思うのです。ファリサイ派の人たちは、このエネルギーの使い方を間違ってしまったのです。その理由として、彼らの高すぎるプライドというものが挙げられるかもしれません。

パウロは、「神に愛されている兄弟のみなさん、わたしたちは、あなた方が選ばれた者であると、はっきり分かりました」（一テサロニケ1・4）と伝えています。彼はここで、人びとがすでに「神に愛されている」「神に選ばれた者」たちであるということをあらためて示します。このパウロの言葉は、私たち一人ひとりに当てはまる言葉だと思います。相手を嫉妬する必要がないくらい私たちは、「神に愛され」、「神に選ばれた人」たちなのです。そしてそれは同時に、相手もまた私たちと同じく「神に愛され」、「神に選ばれた者」たちだということです。

預言者イザヤは、「わたしが主である。ほかにはいない。わたしをおいて神はいない。お前はわたしを知らないが、わたしはお前に力を帯びさせる」（イザヤ45・5）と告げています。天の御父はたとえ私たちが気付いていなくても、私たちを深く愛されているのです。きょうのみことばは、そうした御父の愛に包まれていることを私たちに気付かせてくれる、すばらしいプレゼントなのではないでしょうか。

「愛がいちばん」という種

年間第30主日（マタイ22・34〜40）

「人の振り見て、我が振り直せ」ということわざがあります。これは、「相手の悪い所を見たときに、その人の悪い所を指摘するのではなく、まず、自分も同じようなことをしていないかと省みること」という意味のことわざです。似たような言葉に、「反面教師」というものもあります。私たちはついつい自分のことは都合よく棚に上げて、相手の悪いところを容易に批判しがちな傾きを持っています。

きょうのみことばは、ファリサイ派の一人がイエスさまに、「いちばん大切な掟を尋ねる」箇所です。この箇所に入る前に、ファリサイ派の人びとは「ローマへの納税」についてヘロデ党の者たちと一緒になって、イエスさまを陥れる狡猾な質問をしています。次にサドカイ派の者たちは「死者の復活」についてもイエスさまに質問をしました。この時イエスさまは、「あなた方は聖書も神の力も知らないから、思い違いをしている」（マタイ22・29）と言われた後で、「神は死者の神ではなく、生きている者の神である」と答えています。そしてきょうのみことばは、この二つの質問の後に置かれているのです。

イエスさまの存在、それはファリサイ派の人たちにとっては「目の上のたんこぶ」だったのでしょう。彼らは答えが分かっているのにあえて、イエスさまに質問を仕掛けます。みことばは「イエスの言葉じりをとらえようと協議した」（マタイ22・15）、「その同じ日に、復活はないと主張するサドカイ派の人々が、イエスのもとに来て、尋ねた」（マタイ22・23）とあり、そしてきょうの福音の箇所には、「サドカイ派の人々がイエスに言い込められたのを知って、ファリサイ派の人々は集まった」（マタイ22・34）とあります。ここには、何としてでもイエスさまを陥れようとする彼らの実に執念深い、執拗な悪意というものが感じ取れます。彼らは何とかしてイエスさまを陥れようと、さまざまな質問（罠）を仕掛けます。私たちの中には、自分の「主義・主張」を容易に変えようとしない傾向があります。そしてもっと悪いことに、相手に対して自分の持っている考えを強引に押しつけたり、いろいろな手段を用いて自分の考えが正しいということを証明したりしようと試みます。ファリサイ派やサドカイ派の人びとは、自分たちのこれまでのやり方や考えとまったく違うイエスさまの教えに遭遇して、これは何とかしなければならないと思ったのでしょう。そんな彼らの言動に対してイエスさまは、ご自分の考えではなく、いつも「みことば」を用いてお答えになります。イエスさまが洗礼を受けられた後で、悪魔の誘惑に答えられた場面を思い出してみるとよいでしょう。反対者の誘惑や質問に対してイエスさまが、「聖書のことば」や「御父のみ旨」を第一にしてお答えになっていることに注意しましょう。これは重要なポイントで、黙想のための一つのヒントになるかもしれません。

ファリサイ派の一人で律法の専門家が、「先生、律法の中でどの掟がいちばん重要ですか」と尋ねます。彼らが人びとに教えていた律法の掟は、何と六百十三もあったのです。ファリサイ派の中では、たくさんあるこれらの掟の中で、「どの律法がいちばん重要なのか」ということがいつも議論になっていたのでしょう。

ルカ福音書では、「先生、どうすれば、永遠の命を得ることができますか」（ルカ10・25）とあります。彼らにとって守るべき律法の中で一番の関心事とは、「永遠の命を得るために最も重要な掟とは何か」だったのです。

この質問に対してイエスさまは、「心を尽くし、精神を尽くし、思いを尽くして、あなたの神である主を愛しなさい。これがいちばん重要な、第一の掟である。第二もこれに似ている。『隣人をあなた自身のように愛しなさい』。すべての律法と預言者は、この二つの掟に基づいている」と答えられます。この二つの箇所は、ユダヤ人にとっては最も馴染《なじ》みがあり、また親から子へと語り継がれ、教えられてきた聖書の箇所でした。イエスさまはここでも、みことばを用いて彼らの質問に答えられます。たぶんファリサイ派の人たちは、この掟が一番大切であるということを知っていたはずなのです。しかし、イエスさまを陥れようという曲がった邪《よこしま》な心根が彼らの目を曇らせていたのでしょう。みことばを用いることによってイエスさまは、「愛すること以上に大切なものはない」ということを伝えられたのです。そして「すべての律法と預言者は、この二つの掟に基づいている」と断言されます。この「律法と預言者」は、聖書全体のことを指し示しています。

私たちは、聖書のみことばを通して「三位一体の神」の愛を知ることが出来ます。そしてみことばを深く味わうことによって、私たちがどれほど多くの愛を三位の神から受けているかに気付くことができるのです。その大いなる愛に気付いた時、私たちはもはや、その愛を自分の中だけに留めておくことはできません。その愛は私たちの思いをはるかに超えて飛び出し、周りの人を同じ愛によって満たすのです。この愛が第二の掟、それがすなわち、「隣人を自分自身のように愛すること」なのでしょう。

あらためて、三位一体の神からいただだいている愛に「気付く」ことが出来るようにと祈ること。まず、ここから始めてみるのもよいかもしれませんね。

「信じる」という種

死者の日（ヨハネ6・37〜40）

親鸞《しんらん》の『歎異抄《たんにしょう》』に、「善人なおもって往生を遂《と》ぐ　いわんや悪人をや」という有名な箇所があります。「善人さえ救われるのだから、悪人はなおさら救われる」という意味の言葉だそうです。この言葉を聞いたとき、「えっ！　どうして？」と疑問を感じる方は少なくないのではないかと思います。私たちはどうしても自分中心に物事を考えてしまいます。例えば、「神さまが私を愛してくださるのは分かるけど、私に敵意を抱いているあの人も神さまが愛しておられるというのは理解できない」というように、自分自身を中心に考えてしまいます。そしてそれは、当たり前のことだと私は思っています。

洗礼の恵みをいただいてから日々、「私たちも人をゆるします」という『主の祈り』を唱えてはいても、自分に敵意を抱く人を『神さまが愛されている』と思うのは、容易なことではありません。マタイ福音書には、「天の父は、悪人の上にも善人の上にも太陽を昇らせ、正しい者の上にも正しくない者の上にも雨を降らせてくださるからである」（マタイ5・45）とあります。これは、人知を超えた御父の「いつくしみと愛」と言ってよいでしょう。私たちは一人の例外もなく御父によって創造された、かけがえのない御父の「最愛の一人」なのです。

きょうのみことばは、「父がわたしにお与えになる者はみな、わたしの所に来る」という言葉で始まり、「わたしをお遣わしになった方のみ旨とは、わたしに与えてくださったすべてのものを、わたしが一人も失うことなく、終わりの日に、復活させることである。実に、わたしの父のみ旨とは、子を見て信じる人がみな、永遠の命を持ち、わたしが、その人を終わりの日に復活させることである」で終わっています。

この中に出てくる「お与えになる者」という言葉の「者」に、ご自分の名前を入れて読むと、三位一体の神が私たちの一人ひとりをどれほど愛されているかが分かるような気がします。

パウロは「わたしは確信しています。死も、命も、み使いも、支配するものも、今あるものも、後に来るものも、力あるものも、高い所にいるものも、深い所にいるものも、他のどんな被造物も、わたしたちの主キリスト・イエスにおいて現れた神の愛からわたしたちを引き離すことはできないのです」（ローマ8・38〜39）と、神の比類ない愛を伝えています。私たちの誰もが、御父が造られた「最愛の一人」なのだから、その「御父の愛」から「私たちを引き離すものなど何一つないのだ」と、パウロは確信を持って述べるのです。何と勇気と希望を与えてくれる言葉でしょう。

きょうのみことばの冒頭に、「父がわたしにお与えになる者はみな、わたしの所に来る」とありますが、それには一つの条件があるような気がしています。それは、「子を見て信じる人がみな」という言葉にあるように、「イエスさまを信じること」が第一の条件であるということです。「知恵の書」には、「主を信じる者は愛のうちに主とともに住むであろう」（知恵の書3・9）という一節があります。しかし残念なことに福音書にはイエスさまを認めず、さらにはイエスさまを陥れようとする人たちがいたということが記されています。御父の愛は誰にも注がれています。しかしその愛を受け入れない人は、せっかくの神の愛に気付くことなく、終わりの時を迎えてしまうことになってしまうのです。

『タラントンの喩《たと》え話』（マタイ25・14〜30、ルカ19・11〜27）を思い出してみてください。この喩え話に登場する最後の僕《しもべ》は、主人（御父）のことを「怖い人」だと思って、御父の「いつくしみと愛」を受け入れようとしませんでした。彼は預かった一タラントンのお金を有効に使わず、地中に隠していました。その結果、その僕は主人から「役立たずのこの僕《しもべ》を、外の闇に投げ出せ」と言われてしまうのです。

御父の「いつくしみと愛」、それはご自分の「愛」を受け入れる人を御子であるイエスさまのもとへと連れて行くことだと言ってよいでしょう。同時に、その「愛」を受け入れることのできない人、または拒絶する人に対しては、「無理に引き止めない」という「愛」もあるのです。これが、「わたしの父のみ旨とは、子を見て信じる人」の意味だと私は思っています。

洗礼の恵みを受けた私たちは、『使徒信条』の中で「父のひとり子、わたしたちの主イエス・キリストを信じます」と唱えます。私たちは、たびたび罪を犯して倒れる弱い存在ですが、イエスさまに触れてその「愛」に気付くと、再びイエスさまへと向きを変えて歩み直すのです。そんな私たちをイエスさまは「何度でも、何度でも」赦してくださり、抱き抱えてくださいます。この限界を知らないイエスさまの愛に私たちは、自分のすべてを委ね切ってしまってもよいのではないでしょうか。

きょうのミサで司祭が唱える『叙唱』の中に、「信じる者にとって死は滅びではなく新たないのちへの門であり、地上の生活を終わった後も、天に永遠のすみかが備えられています」という祈りがあります。これは私たちに、大きな「希望の光」を与えてくれます。この叙唱にもまた、「信じる者」という言葉が出てきます。私たちの人生の目標、それは永遠の命をいただき、三位一体の神とともに過ごすことだと言ってよいでしょう。きょうのみことばは、「信じる」ことの意味を深く掘り下げてみるための良い機会となるかもしれません。

「私は神の住まい」という種

ラテラン教会の献堂（ヨハネ2・13～22）

私たちの周りには、さまざまな【便利】が満ちあふれています。【便利】という言葉を辞書で調べてみますと、「目的を果たすのに都合のよいこと。あることをするのに重宝で役に立つこと。また、そのさま」とあります。私たちの周囲にある【便利】とは、それがあると物事を行うときに効率よく、無駄なく進めることができるもの、と言ってよいでしょう。

例えば、駅の改札で使用する「ICカード」ですが、あらかじめそのICカードにお金をチャージしておけばすぐに改札口を通ることもできますし、コンビニエンスストアで買い物もできます。また携帯電話はいつでもどこでも、話したい人に話したい時に電話をすることができます。さらにスマートフォンになると、実にさまざまな【便利】な機能が数多く盛り込まれています。しかしその反面、【便利】から来る弊害というものもまた、あるような気がしています。

きょうのみことばは、イエスさまが神殿から商人を追い出す場面です。ヨハネ福音書は、この「神殿から商人を追い出す」場面を他の三つの共観福音書と比べて前の方に置いています。これはヨハネが「イエスさまの復活」を強く意識していたからなのかもしれません。

さてイエスさまの一行は「過越の祭り」が近づいたので、エルサレムに上られて神殿の境内にお入りになります。そこには、神に犠牲《いけにえ》をささげるための「牛、羊、鳩」を売っている店や、神殿に納めるために使用するお金に換金するための「両替屋」などがありました。イスラエルの各地から神殿に参拝に来る人の中には、何日もかけてエルサレムに上って来る人もいました。参拝する人にとって、自分の家から神殿に供えるための動物を連れて来る手間ひまを考えると、神殿の境内でそれらの動物を売っている店があるというのは、とても【便利】なことでした。

またイスラエルの人びとは、日常生活ではユダヤ社会で古くから使っていた貨幣を使わず、「ローマ帝国の貨幣」を使っていました。そのためユダヤ人は、神殿では異邦人（ローマ）の貨幣を神への献金として使用することができず、「両替屋」で「ユダヤの貨幣」に交換してもらってから神にささげていたのです。

「牛、羊、鳩」などの犠牲《いけにえ》用の動物を売っている店や「両替屋」は、エルサレムの神殿に参拝に来る人が【便利】なように商売をしていたのでした。当然、商人たちには商品を仕入れるためのお金も要りますし、商いをする場所代として、神殿の祭司たちに売り上げの何割かも払っていたことでしょう。そのため、彼らは自分たちが利益を得るために、幾らかの手数料を定価に上乗せして商売していたと考えられています。

彼らが商いをしていた場所は神殿の境内にあって、「異邦人の庭」と呼ばれる場所でした。エルサレムの神殿には、男性の祈る場所、女性が祈る場所、そして異邦人が祈る場所が、それぞれ厳格に定められていました。そして商人たちが商売をしていた場所は、異邦人たちが祈りをすることのできる唯一の場所だったのです。

イエスさまは、商人たちが自分たちの儲けや神殿の祭司たちの利益を優先し、さらに、異邦人たちが天の御父に祈る場所まで奪っている様子を見てお怒りになったのです。もちろんそれもありますが、何よりもイエスさまが立腹されたのは、神聖な【祈りの場所】を【商売の場所】にしたことでした。これは【便利さ】を求めすぎて、「神殿」という聖なる場所の大切さを忘れた行為でした。そしてそれは、こうした行為をいつの間にかみながおかしいと思わずにごく【普通】のこと、【当たり前】のこととして認めていたことの表れでもありました。

イエスさまは「何のために犠牲《いけにえ》をささげるのか」という本来の目的を忘れて醜い我欲に奔《はし》り、弱い者や虐げられている者、蔑《さげす》まれていた異邦人の存在を平然と無視している彼ら商人たちの傲慢な心を見て取られたのです。そんな彼らの身勝手な振る舞いで、御父の住まいである聖なる「神殿」を汚すことを、イエスさまは許すことができなかったのです。いつもは柔和でやさしいイエスさまのもう一つの厳しい面、断固とした純粋な敬神のお姿に、「はっ」とさせられます。

パウロは、「あなた方は知らないのですか。あなた方は神の住まいであり、神の霊があなた方の中に住んでおられることを。もし、神の住まいを壊す者があれば、神はその人を滅ぼされるでしょう。神の住まいは聖なるものであり、あなた方はその神の住まいなのです」(一コリント3・16〜17)と言っています。この大切なことを私たちは、時々忘れてしまっているように思います。人はみな、一人ひとり、生まれた時から自分の中に「神の聖なる住まい」である神殿をいただいているのです。そして人生の旅路を終えるその時に私たちは、この聖なる【神殿】を御父にお返しするという特別な使命をいただいているのです。

きょうのみことばは、日常生活に多く存在している【便利さ】の陰に隠れてしまっている大切なものに気付いてそれを優先し、さらに、かけがえのない「神の住まいである私」も大切にするということを教えてくれている気がします。

「失敗してもいい」という種

年間第33主日（マタイ・25・14～30）

最近、「○活」という言葉が社会の中で定着した感じがします。例えば、「就職活動」は「就活」、「結婚活動」は「婚活」といった具合です。本来の言葉を縮めた言い方なのですが、「○活」で共通すること、それは何かをしようと「活動」すること、具体的に動くということです。どこかの企業に就職したいと思う人は、自分で履歴書を書いて就職したい会社に出向いて（郵送）行きます。いくら自分で「○○会社」に就職したいと望んでいても、何もせず、ただ家にいただけでは就職することは不可能と言ってよいでしょう。

きょうのみことばは、「タラントンの喩《たと》え話」です。教会の典礼は次の週が「王であるキリスト」で、年間最後の主日となります。「年間最後の主日」は、私たちの生活で言うなら、年末であり大晦日《おおみそか》だと言えます。年末が近づくと、テレビや新聞などでは「今年の大事件」とか、「今年の10大ニュース」が報道されます。またカレンダー上の年末とは別に、企業によっては「年度末」というものがあって、商品の在庫数をすべて調べる「棚卸し」があり、「収支の決算報告」も行われます。いわば一年の活動の締めくくり、総決算の時でもあります。教会の典礼でも一年の終わりには、私たち一人ひとりの「棚卸し」というものが必要になってくるかもしれません。こうしたことを頭の隅に置いて、きょうのみことばを味わっていくと、また違った発見があるように思います。

イエスさまは天の国を表現するために、「旅に出る主人と僕の関係」を用いられます。主人はそれぞれ僕たちを呼んで、自分の財産を彼らに預けます。みことばには、「主人は僕《しもべ》たちの能力に応じて、ある者には五タラントン、ある者には二タラントン、ある者には一タラントンを預けて、旅に出た」とあります。この中で注目したいのは、「僕《しもべ》たちの能力に応じて」という箇所です。主人は僕たちの能力によって財産を、五、二、一とタラントンの金額を分けています。一見すると、差別しているようにも思えます。しかし僕たちそれぞれの能力に応じて財産を管理させたというのは、とても公平で温かな心配りなのではないでしょうか。一タラントンしか活用できない人に五タラントンを預けてしまったら、その人は、その五タラントンを活かすことができなくてかえって苦しむでしょうし、逆に五タラントトンを活用できる能力を持っている人に一タラントトンを預けてしまったなら、その人が本来持っている能力を十分に活かし切ることができないという残念なことになってしまいます。主人は、それぞれの僕のことをよく知り抜いた上で、各人に見合った財産を預けたのです。ここには、三位一体の神の「いつくしみと愛」がよく表れているように思います。

さて、五タラントトン、二タラントトンを預かった僕はただちに出かけて行き、それを元手に商売をして、さらに五タラントトン、二タラントトンを儲けます。

これと同じような実験をした人がいました。『20歳のときに知っておきたかったこと』という本の著者ティナ・シーリングは、米国スタンフォード大学の教授です。彼女は学生たちをチームに分け、「五ドルが入った封筒を各チームに渡して、それを元手に、できるだけ多くのお金を儲けること」という課題を出しました。この課題には条件があって、「水曜日の午後から日曜日の夕方までにそれを実行し、封筒を開けてから二時間以内に行動を起こさなければならない」というのです。この実験で一番儲けたチームは、六百五十ドルも元手を増やしたそうです。

ここで、みことばの喩え話が伝えたかった大切なこと、それは私たちそれぞれに与えられた能力というものを一生懸命に活かして、少しでも神の「タラントン」を増やしていくことではないかと思います。

それでは、一タラントンを預かった僕はどうしたでしょう。ちなみに一タラントンは、現在の貨幣価値に換算して平均労働者の約二十年分の賃金に相当するそうです。この僕は、預かった一タラントンをそのまま土に埋めてしまいます。彼は他の僕たちと違って、主人に対して「きびしくて怖い方」というイメージを持っていました。彼は、自分が預かったタラントンの額の多さに怖じ気付いて、リスクを負うことを拒否し、せっかく主人が信頼して預けてくれたタラントンを活用することができなかったのです。

もしかするとこの僕は、「失敗して増やすことができなかったらどうしよう。主人に叱られてしまう」と思ったのでしょう。さらに残念なことに彼は、自分だけ損をしないように注意を払い、いつもそばにいて、一緒になって働いてくださる方の存在に気付くことができなかったのです。そのために彼は、主人の「いつくしみと愛」に気が付きませんでした。結果、彼は「役立たずのこの僕《しもべ》を、外の闇に投げ出せ」と、主人から容赦なく追い出されてしまうのです。

私たちは御父から、一人ひとり〈能力に応じたタラントン〉をいただいています。人によってはそのタラントンを上手に活かす人もいるでしょうし、活かすことができずに減らしてしまう人もいるかもしれません。しかしたとえ減らしたとしても、主人である御父は「さあ、お前の主人と喜びをともにしなさい」と言って、天のみ国に迎え入れてくださることでしょう。

御父はタラントンという莫大なお金を、「お前は僅かなものに忠実であったから」と言われるほどに寛大なお方です。大切なことは、御父の「私」に対する信頼といつくしみを信じて、「失敗してもいい。主人はきっと赦《ゆる》してくださる」という心で、勇気を持って一歩を踏み出し、自分のタラントンを使うことだと思います。御父から預かった「私だけの固有のタラントン」を、みことばを介して気付かせてもらい、神への信頼と勇気を携えてそれを活用できる、その恵みを切に祈りたいと思います。

「人を想《おも》う心」という種

王であるキリスト（マタイ25・31～46）

映画俳優の高倉健さんが亡くなりました。八十三歳でした。彼は二十五歳で『電光空手打ち』という作品で映画デビューし、『あなたへ』という作品で映画人生を終えました。テレビの追悼番組で生前の高倉さんは、「お金やモノでは感動は得られない。人を想《おも》うこと以上に美しいものはない」と話していました。

これを聞いたとき私は、「この言葉は『愛する』ということと同じではないのか」と思いました。番組の中で高倉さんと一緒に中国でのロケに携わった人は、「彼のスタッフや周りの人への気遣いはすばらしい。寒くて震えている人にカイロを渡して『これを使ってください』と声をかけたり、緊張している俳優さんがいると、その緊張を解いたりしていました」と語っていました。これは、高倉さんがその生涯を通じて「人を想う心」を生きていたことの表れだと言ってよいでしょう。

きょうの典礼は「王であるキリスト」、年間最後の主日です。そして、次の週からは、いよいよ「待降節」に入り、教会は新しい典礼暦を迎えます。

きょうのみことばは、『最後の審判』の場面です。みことばは、「人の子が栄光に包まれ、すべてのみ使いを従えてくるとき、人の子は栄光の座に着く。そして、すべての民族がその前に集められ、羊飼いが羊と山羊とを分けるように、人の子は彼らを二つに分け、羊を右に、山羊を左に置く」という言葉で始められています。

羊飼いたちは羊と山羊を一緒に放牧しますが、夜になると別々に分けていたようです。イエスさまはこうした牧畜のことをよくご存知でしたので、「羊飼いが羊と山羊とを分けるように、人の子は彼らを二つに分け」と、ごく自然に喩《たと》えを用いて話を進められます。ここで注意すべきは、「二つに分ける」ということです。私たちは社会の中において、正しい人もそうではない人も一緒に生きています。同じように私たち自身の中にも、善の部分とそうでない部分が共存していることに気が付くと思います。イエスさまは人がその人生を終える最期のとき、羊と山羊とを分けるように、正しい人とそうでない人を分けられるのです。では、どのようにして人は「分けられる」のでしょうか。

「わたしの父に祝福された者たち、さあ、世の初めからあなた方のために用意されている国を受け継ぎなさい」とイエスさまは言われます。御父は私たちを創造される前から一人ひとりに対して「用意している国」があり、そこは、「お前の主人と喜びをともにしなさい」（マタイ25・21）という幸いの「国」なのです。そしてその「国」に招かれている人は、「御父に祝福された人たち」だと言うのです。

イエスさまは祝福された右側の人たちに、「あなた方は、わたしが飢えていた時に食べさせ、渇いていた時に飲ませ、旅をしていた時に宿を貸し、裸の時に服を着せ、病気の時に見舞い、牢獄にいた時に訪ねてくれたからである」と言われます。しかし彼らの返事は、「主よ、いつわたしたちは、あなたが飢えておられるのを見て食べさせ、渇いておられるのを見て飲ませましたか。いつあなたが旅をしておられるのを見て宿を貸し、裸でおられるのを見て服をお着せしましたか。また、いつあなたが病気であったり、牢獄におられるのを見て、あなたをお訪ねしましたか」という当惑でした。神に祝された人たちは、自分が人に対して行った「愛」の行いを意識することなく、「当たり前のこと」としてそれを行っていたのです。

一方、左側に分けられた人たちに向かってイエスさまは、「呪われた者たち、わたしから離れ去り、悪魔とその使いたちのために用意されている永遠の火に入れ」と厳しく宣告されます。すると言われた人たちは、「主よ、いつわたしたちは、あなたが飢えたり、渇いたり、旅をしていたり、裸であったり病気であったり、牢獄におられたりしたのを見ても、お世話をしませんでしたか」と聞き返します。正しい人たちと異なり、この神に呪われた人たちは自分が過去に行ったこと、行わなかったことについてしっかりと「意識」をしているのです。そしてイエスさまの審判の基準、それはこの「意識」と「無意識」の違いにあるのだと私は思っています。「当たり前のこと」として「愛」の行いをしていた人に対してイエスさまは、「これらのわたしの兄弟、しかも最も小さな者の一人にしたことは、わたしにしたのである」と、ご自分の身内同様の扱いでもって彼らを称賛します。反対に、意識して「愛にもとる行為」を行った人に対しては、「お前たちによく言っておく。これらの最も小さな者の一人にしなかったことは、私にしなかったのである」と、「赤の他人」として彼らを厳しく断罪し、突き放すのです。

パウロは、「わたしたちは、生きるとすれば主のために生き、死ぬとすれば主のために死にます。生きるにしろ、死ぬにしろ、わたしたちは主のものなのです」（ローマ14・8）と記します。このパウロの言葉は、イエスさまの「わたしにしたのである」という言葉と共通しているように思います。

時々、善意で人のために何かを行ったのに思わぬ反応に出遭って、「せっかく好意でしてあげたのに、どうしてこんな物言いをされなくてはいけないのか」という悔しい経験、みなさんにはないでしょうか。でも多分、そのような時には「『私』が何とかしてあげよう」、「『私』が何とかしてあげる」といった気持ちが働いていたような気がします。きょうのみことばに登場する「呪われた者たち」というのは、「『私』が何とかしよう」とする「私」というエゴ、言い換えれば自己満足の人のことなのかもしれませんね。高倉健さんが、「人を想う心」を大切にした生き方は、無意識のうちに彼の内面から自然と湧いて出たものなのでしょう。そしてそこには、「私が」というエゴはなかったと思うのです。

私たちも、周囲の人の中におられるイエスさまの存在に気付き、その人の中のイエスさまを想い、「無意識」のうちに人を思いやり、気遣い、たとえどんなに小さくてもよいから具体的な「善」を行う。そんな心を育てていきたいですね。

感謝に代えて

今から十年ほど前、「聖書の勉強をしたい」と当時の管区長様にお願いしたことがありました。すると管区長様から、「聖書を読んであなたが思ったことを素直に書いてみてはいかがですか?」と言われて驚きました。私としてはどこかに勉強に行きたいということで、まさか自分が書くなどとは思ってもいなかったものですから。

しかし、それがきっかけとなって主日のミサの福音を分かち合うコラム「これって、どんな種?」を、サンパウロの公式サイトやSNSで発信することになりました。神学校に行ったことも、特別に聖書の勉強をしたこともない私です。でも、それからは自分なりに一生懸命、さまざまな聖書注解書や解説書を深読し、毎日のミサと黙想、祈り、そして書籍の販売や修道会での使徒職を果たす中で胸にストンと落ちた思いや気付き、そして「私にとってのイエスさま」を真剣に追い求め、素直な気持ちで書き続けてきました。そんな小さなコラムですが、読んだ方から「分かりやすく、心に沁みてきました」という温かい励ましもいただき、心強く思っていたそんな矢先、サンパウロ編集部から思いがけなく書籍化のお話をいただきました。サンパウロ編集部の皆様にあらためて感謝します。

今回、一冊にまとめるにあたって、これまでの内容に少し手を加え、タイトルも変更しました。しかし「種」という言葉は残しました。種は土に植えて芽が出て成長しないと、それがどんな種なのか分かりません。みことばの中にもいろいろな「種」が潜んでいて、その種を信仰生活の中で育てていかないと、どんな「芽」が出てくるのか分かりません。みことばの中にどのような信仰の種、どんな霊的な種が隠されているのかを分かち合いによって発見したい、そんな思いをこのタイトルに込めました。

この本には何も新しい解釈や見方はありません。一人の修道士が日々の祈りと使徒職を果たす中で感じたこと、自分なりに納得したことを飾ることなく筆にのせました。この小さな本を通して聖書に興味を持つ方が一人でもいてくださったら、これに勝る喜びはありません。

二〇二四年六月三十日
聖パウロの祝日にあたって

パウロ 井手口 満

＊イタリア人司祭、ヤコブ・アルベリオーネ神父によって創立された、聖パウロ修道会を初めとする五つの修道会、四つの在俗会、一つの協力者会のことを、総称して「パウロ家族」と呼ぶ。パウロ家族では、教皇庁（バチカン）からの特別な許可を得て、毎年、六月三十日を「聖パウロの祭日」とし、使徒聖パウロをパウロ家族固有の典礼の中で記念する。

＊本文中の聖書の引用は、『聖書　原文校訂による口語訳』（フランシスコ会聖書研究所訳注）に準拠しています。

著者略歴

井手口　満（いでぐち　みつる）

聖パウロ修道会修道士。1963年長崎に生まれ、福岡で成長する。1977年4月4日、聖パウロ修道会に入会。1984年3月19日、初誓願宣立。1990年3月19日、終生誓願宣立。現在、東京・四谷のサンパウロ本店で書籍・聖品の販売促進のかたわら、修道会では「召命担当」、「広報担当」などの使徒職に従事する。

みことばの「種」を探して
――御父の愛にふれる――

著　者―― 井手口　満

発行所―― サン パウロ

〒160−0011 東京都新宿区若葉 1−16−12
宣教推進部（版元） Tel. (03) 3359−0451　Fax. (03) 3351−9534
宣教企画編集部　　 Tel. (03) 3357−6498　Fax. (03) 3357−6408

印刷所―― 日本ハイコム㈱

2024 年 6 月 30 日　初版発行

ISBN978−4−8056−8230−2　C0016
落丁・乱丁はおとりかえいたします。